中国传统年节与年画

郭亚东◎著

SPM 南方传媒 | 岭南美术出版社

中国·广州

图书在版编目（CIP）数据

中国传统年节与年画 / 郭亚东著. —广州：岭南美术出版社，2024.1
ISBN 978-7-5362-7765-6

Ⅰ.①中… Ⅱ.①郭… Ⅲ.①节日—风俗习惯—研究—中国②版画—年画—研究—中国 Ⅳ.①K892.1 ②J218.3

中国国家版本馆CIP数据核字(2023)第128697号

责任编辑：郭海燕
责任技编：谢　芸
装帧设计：友间文化

中国传统年节与年画
ZHONGGUO CHUANTONG NIANJIE YU NIANHUA

出版、总发行：岭南美术出版社（网址：www.lnysw.net）
（广州市天河区海安路19号14楼 邮编：510627）
经　　销：全国新华书店
印　　刷：东莞市翔盈印务有限公司
版　　次：2024年1月第1版
印　　次：2024年1月第1次印刷
开　　本：787 mm×1092 mm　1/16
印　　张：12.75
字　　数：200千字
印　　数：1—2000册
ISBN 978-7-5362-7765-6

定　　价：58.00元

序

与传统木刻年画结缘是2012年春赴河南开封朱仙镇的一次民艺考察，版画专业出身的我下意识发出疑问：如果民间木刻年画是中国本土版画之根源，为何在如今的大学艺术教育特别是版画专业教学中失位？中国传统年文化如此重要的艺术载体为何淡出当下年节的现实生活？或许很多学者包括历史学家会把这两个问题的主要原因归咎于技术淘汰（清末民初西方现代印刷技术对传统雕版印刷的冲击）和近三十年的城市化社会发展（农耕文明是传统年画赖以生存的土壤），但抛开技术发展和社会结构变革的历史成因部分，这首先更应该是个文化问题。带着这些思考，笔者遂投入对中国传统木刻年画，以及年文化的追寻中。先是借由版画出身的专业自觉按图索骥，凭着一腔热忱恶补欠下的功课。又研习技艺，起初不得法，如邯郸学步，幸得几位艺德兼备之年画传承人（朱仙镇曹新年、桃花坞孙一波、杨柳青刘杰）点拨，始得进步。学画习艺十年，已由“而立”大步迈至“不惑”，不惑的是年近半百而终有一心安之事可为，此生顿感俱足！

系统学习传统年画的人大致会经历以下过程：观画—学艺—识年。所谓观画，即初由画入，年画作为民间美术用品，大多有突出的象意，是一个相对容易感知和把握的具体——即知其然；在观画的过程中发生由表及里的内需，产生学艺的冲动，学艺是对年画的进一步探索，是对“所以然”问题的究竟；而对年画之“年”的关注则是深入学习了解年画后无法回避的终极话题。年是画之体，画为年之纲，年画之所以在浩如烟海的民艺项目中独树一帜，也大概得益于华夏数千年积累的有关“年”的传统文化和历史情感在其中的集中表达。以年画为契机到最后产生对中国“年”的关注，就像是一场由小溪汇入大海的征程，一如经历人生的蜕变，此谓识“年”。

本书以普及和探讨中国传统“年”文化为核心，选取“年节”和“年画”两个研究对象，结合史学、民俗学、社会学、艺术学等学科知识对年俗演变历史、地域文化信仰、传统年画图形等信息展开充分详细的论述。整体架构分三部分：第一部分概述中国传统年节与传统年画的关系，并以十五个中国传统节日文化为轴，将知识性、故事性较强的各地传统木版年画作品导入年节，以赏析的方式加深读者对传统木版年画和年俗文化的对应理解；第二部分系统讲解传统木刻年画工艺；第三部分结合设计案例系统分析讲解传统木版年画在现代艺术设计中的具体应用。

限于作者学识及阅历水平，本书难免存在疏漏之处，还望读者、专家给予批评指正。

郭亚东

2023年5月

本书所用的部分美术作品，由于各种原因、未能事先征得作者（或版权持有人）的同意，特致歉意。敬请有关作者（或版权持有人）与本人联系，邮箱382031140@qq.com，以便奉付稿酬。

目录

CONTENTS

第一章

中国传统年节与年画

引言

中国传统年节是传承中华民族优秀历史文化的重要载体，是无数劳动人民在长期物质生产和精神生产过程中逐步形成的自然崇拜、族群认同、寻根祭祖、孝道礼仪、道德教化、社会整合、文体娱乐、宗教信仰以及文化承载等多种社会功能的体现。传统年节也是人类文明进化发展的产物，很多传统年节习俗在先秦就已初露端倪。古籍文献中关于中国节令风俗的记载举不胜举。如左氏《春秋左氏传》载：“先王之正时也，履端于始。”“履端于始”就是正月“元旦”。西晋周处的《风土记》关于端午的记载:“仲夏端午，烹鹜角黍。”西周周公旦《周礼》：“中秋夜迎寒。”记载“中秋”一词。

自汉以后记载传统节令和风俗的书籍与日俱增。如两汉时期《礼记・月令第六》、东汉崔寔《四月民令》、东汉应劭《风俗通义》、隋杜台卿《玉烛宝典》等。魏晋南北朝之后这种记录年节风俗的专著更加繁荣兴盛，如南北朝梁宗懔《荆楚岁时记》，宋代吴自牧《梦粱录》、陈元靓《岁时广记》、吕希哲《岁时杂记》，明瞿佑《四时宜忌》，清潘荣陛《帝京岁时纪胜》等，都是记载了我国古代节令风俗的专著。另外也有诸多记载地方节令风俗的典籍，如《秦中岁时记》《宛署杂记》《太平御览》《武林旧事》《东京梦华录》《陶庵梦忆》《广东新语》等。众多的书籍文献是对中国传统年节文化在华夏大地生根发芽茁壮成长的印证，其所蕴

含的文化内涵和民俗活动成为中华民族屹立不倒的根基，可以说“年”文化是中华传统文化中的核心文化，是中国传统文化的重要组成部分。

然而，种种因素下许多传统的年节正在慢慢地淡出人们的视野甚至被遗忘，其所包含的文化和民俗韵味只剩下躯壳。这或许与中国短短几十年经历的由传统农耕向现代工业文明迅速转化的社会变革有关，在全球化、信息化的大趋势下，“快餐式文化”刺激着人们的精神生活，加之受商业化的旁敲侧击，使得人们来不及细细咀嚼品味民间传统年节的文化内涵，一味地追求所谓的“自由”，推崇西方节日，如圣诞节、情人节等，许多农耕时代所孕育的传统年节的文化底蕴和民族记忆将面临“断流”和“失忆”的危险。因此，本书在众多传统年节中选取十五个年节对其由来及习俗进行介绍，在此过程中，让我们了解传统年节文化源流，品味传统年节文化之美。

如果说“年”文化是中华传统文化中的核心文化，那与“年”文化联系最为紧密的中国木版年画可以说是中国民间美术的核心。

木版年画作为一项国家级非物质文化遗产项目，除了具有广泛的社会认知度之外，还有着十分普遍的生活应用基础，在一些木版年画原产地附近，节日里（尤其春节）总少不了它的身影。可以这么说，在中国民间，年画就是年的象征，不贴年画就不算过年。

年画中的“年”有双重含义：一是指广义上的年节，即一年中所有的节日，（不只包含春节），中国的传统年节异常丰富，其中大部分都脱胎自中国的农耕文明，如传统的二十四节气、小年、元宵、仲（中）秋等；另一层意思是年画因为大都是一年一换，所以，年也是一个轮回，是个使用的周期。作为最重要的传统年节，年画对春节的重要性不言而喻，春节是年画使用最为集中的时段。

木版年画是一种有别于纯绘画的应用型美术，以实用为主，每一张年画都有与之一一对应的生活诉求关系，把木版年画归类为民间美术的一个重要依据也在于此。比如其中最具典型意义的守门将军（图1-1）、求子的麒麟（图1-2）、辟邪的钟馗（图1-3）等。木版年画之所以能进入万千百姓的家门，受到老百姓的喜欢，一方面在于其对产品低成本控制的工艺优势；另一方面，更在于其对中国古老“年”文化的有效承载和转化，这也是木版年画有别于其他民间美术最为重要的一个特征。

由于现代印刷技术的冲击，传统民间木版年画和手绘年画在市场上已经很难见到了，这种承载民族文化与情感的传统民间艺术，不知不觉间已经淡出人们的生活。我们今天再次把目光对准木版年画，并非是其工艺有多先进使然，相反，传统手工艺走到今天逐步退出历史舞台正是因为其工艺的落后，这是不可逆转的两种文明的进化对比结果。但传统木版年画在千年的沉淀过程中绝不只产生了工艺文明，还有与工艺息息相关的情感和精神，也是这些饱含文化记忆的部分，才是值得今天的我们去关注的对象。

图1-1　守门将军（印沁堂收藏）

从某种意义上说，中国的“年”文化就是中华传统文化的一种集中体现，也是中国传统农耕文明的一种典型象征。“年”文化折射出中国人对天地和自然最为朴素的理解，木版年画则是对此理解方式的一种直观体现——那些强烈而鲜明的造型，热情洋溢的色彩无不彰显着这种认知——它清晰地描绘着人们的精神天地，炽烈地展示着百姓所向往的心灵世界；它是漫长的历史长河中某种社会生活的全相，是大众审美和对年俗的最具体要求，这种要求被百姓世代相传，构成了最为灿烂的中华文明传统。

图1-2　麒麟送子（印沁堂收藏）

图1-3　钟馗（印沁堂收藏）

第一节　立春

一、节日简介

立春，每年公历2月3日至5日期间，是中国传统的二十四节气之一，又称正月节、立春节、岁旦等。“立”有发端、开始的含义，“春”为季节，象征生发。当北斗星斗柄指向寅位时即为立春日。按现代的“定气法”（定气是一种确定节气的制度。以太阳在黄道上的位置为标准，自春分点起算，黄经每隔15°为一个节气），当太阳到达黄经315°时为立春。在传统的干支纪年法中，立春为岁首，代表万物进入新的轮回，迎来新生。《史记·天官书》：“正月旦，王者岁首，立春日，四时之始也。”立春为四时之始。元吴澄《月令七十二候集解》有载：“立，始建也。春气始而建立也。”可见古人过去也把立春作为岁首，视为新一年的开始，在秦汉之前，人们最注重的节日不是农历的正月初一，而是立春这一天。重要的祭祀、纳吉、驱邪避祟和农耕大典等活动都在立春前后进行，这不仅构成了后来民间岁首节庆的习俗框架，其所依附的俗范俗规也一直留存至今。

立春与立夏、立秋、立冬一样，反映着季节的交替更迭。立春，意味着寒冷的冬天已经结束，慢慢地开始进入万物复苏的春季。由于我国地域辽阔，各地气候不同，“立”字所具有的气候意义在全国范围内并不通用。立春这天以后，以广西桂林和江西赣州为分界线，以南地区，慢慢开始有春天复苏的气息。但此时我国大部分地方还是冬天，如黑龙江，可能要到谷雨或立夏时才有入春的迹象，所以这个“立”对很多地方只是个参考。

二、节日由来

立春既是节日又是传统二十四节气之一，关于节气的由来民间自古有很多种说法，有说是伏羲发明的（如果伏羲发明说成立，二十四节气的发明距今已有约七千年，这个说法并非空穴来风，早在《春秋内事》中就有“伏羲氏建分八节以应天气”的记载），有说是颛顼发明的（颛顼作为中华人文始祖之一，他在位时根据当时的生产劳作、生活创立了更加实用的颛顼历法，将少昊的八卦历废除掉。但是颛顼所创立的历法又与现在不同，它是以孟春为一年的起始，初一定为立春，虽然与现今不同，但却已经具备了二十四节气的基础），还有说是某个朝代官员的集体智慧，莫衷一是。

关于节气有确切记载的早期著作可追溯至先秦时期夏历先书《夏小正》和《逸周书》。《夏小正》以全年十二个月为序，记载了每月的天象、物候、民事、农事、气象等方面的内容；《逸周书》卷六第五十一章周月解、第五十二章时训解和第五十三章月令解，是对当时气象节气历法的一个全面记录，其中时训解第五十二中已完全记录了二十四个节气以及七十二个物候的名称，如周月解，“春三月中气，惊蛰、春分、清明；夏三月中气，小满、夏至、大暑；秋三月中气，处暑、秋分、霜降；冬三月中气，小雪、冬至、大寒；闰无中气”。文中清晰地描绘出物候与节气的概念，其中很多概念和如今的节气名称完全一致。这两部著作成为后来正式形成的二十四节气的理论基础，是古人在气象物候方面取得的里程碑式的成就。直至汉朝时期，《淮南子·天文训》中二十四节气才正式有了全名。

无论谁是真正的发明者，都离不开最广泛的劳动人民的参与，或者换句话说，华夏二十四节气经验历法的总结应该是由无数先贤、学者、农民、科学家、官方在漫长的农耕演进过程中共同探索和推进的结果。

二十四节气早期并没有完全修订进历法中，直至汉代初期历法仍沿用秦朝以来的颛顼历，到汉武帝时期朝廷命人造汉历，最终在众多的历法中选中了邓平所造的《太初历》。《太初历》是由邓平领衔研究，根据北斗七星的运行规律，结合二十八星宿的位置，明确节气在星象中的具体位置，二十四节气至此正式成为历法的一部分。《太初历》中的二十四节气是根据北斗七星斗柄指向（图1-4）来确定的，这就是所谓的斗转星移，具体来说，斗柄指东，为春天；斗柄指南，为夏天；斗柄指西，为秋天；斗柄指北，为冬天。北斗七星完成一个周期循环，即北斗回寅，新旧交替之时，谓之立春。

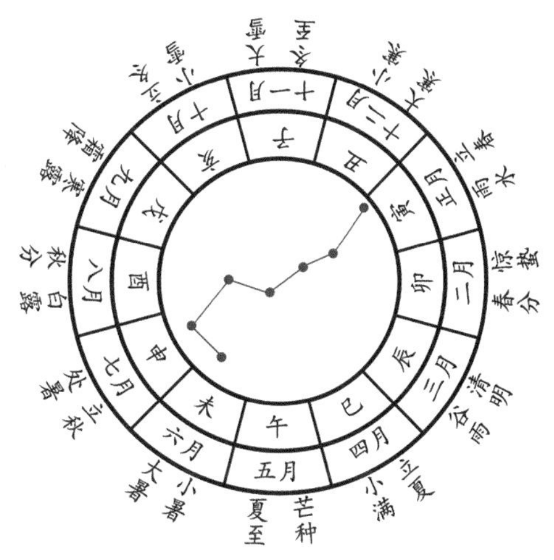

图1-4　北斗七星周期循环（魏睿澎绘）

中国的二十四节气日不同于一般的节日，讲究的是能精确到具体时辰。比如：2023年的立春是在2月4日凌晨两点，也就是2月4日的丑时，而不能说是2月4日。那古人又是如何算出精准时辰的？一般来说有两种方法，一是通过天象计算黄经（也就是我们常说的黄道），二是通过羽毛来测时。

羽毛测时（图1-5）是古时以羽毛为材料，使用一种特殊的测量法获得立春准确时间的古法。据说在立春当日，县官会带人去地里挖个坑，然后将羽毛类的轻物质放在土坑里，等到羽毛从坑里慢慢飘飞上来时，便是立春时辰。此时开始放鞭炮庆祝，预祝收成丰盈，风调雨顺。为什么会出现这种现象呢？原来在立春之时，地下的阳气上升，促使羽毛随着上升飘飞。无论是看天象计算黄经，还是用羽毛测时，其反映的都是传统历法的科学精神。

中国的农历是包含了二十四节气在内的阴阳合历——即二十四节气主要对应太阳的变化（太阳历），农历每月二十九到三十天的算法主要以月亮的盈缺（朔月、玄月和望月）为参照标准（月亮历）。

图1-5　羽毛测时（魏睿澎绘）

相较于西方制定的公历制度，其实更加科学和完整，直到如今，老一辈人还是习惯用农历计日，现在还有很多人的生日是以农历为准。

立春，重要的是“春”，那为什么春是一年中的第一个季节？《尚书大传》有云：“春，蠢也，物蠢生，乃动运。”“春，出也，万物之出也。”是什么意思呢？春，同“蠢”，蠢蠢欲动，指的是笨拙的虫子，开始蠕动时的状态；春，出也，万事万物开始生发。古人将此自然现象对应到春季，并将春季作为一年中的首季是不无道理的。

三、节日习俗

俗话说“一年之计在于春”，在这一天华夏先民们会开展一系列的活动，祈求来年丰收。立春亦称“打春”，在民间仍保留有许多传统习俗，如迎春、打春、报春、咬春、戴春鸡、吊春穗、剪纸报春等。

1. 迎春

据史书记载，从周朝开始，直到清末民初，官方都会把立春作为重要节日，举行各种迎春的欢乐活动。自古每年立春，上至朝廷天子，下到黎民百姓，都会举行隆重的迎春仪式。到了汉代，迎春已成为一种全国性的礼仪制度（图1-6）。《后汉书·礼仪志》载：“立春之日，夜漏未尽五刻，京师百官皆衣青衣，郡国县道官下至斗食令史皆服青帻，立青幡，施土牛耕人于门外，以示兆民，至立夏。”立春之日，土地解冻，此时正是劝农耕作之时。

图1-6　迎春（肖植冈绘）

在迎春仪式中，祭祀句芒神是不可或缺的一环，民间关于句芒神的形象描绘不一，《礼记·月令》里提到的句芒神，传说是人面鸟身的神话人物（图1-7），他是一个有着多重神格的神，既是创世神和造物神，又是掌管万物生长的木神，同时还是掌管春天的春神（《礼记·月令》和《吕氏春秋·孟春》都有提及）。句芒神本是东夷部族中以鸟为图腾的族群的祖先神，在连云港将军崖岩画中就描绘了他早期的形象。后来东夷被灭国后逐渐融入华夏部族，句芒神成为中华民族共有的春神。

图1-7　句芒神（肖植冈绘）

2. 打春（牛）

迎春以后，要举行“打春”。据《京都风俗志》记载：宫前“东设芒神，西设春牛”，礼毕散场之后，“众役打焚，故谓之‘打春’”，打春的“打”即来源于此。“打春”也叫“鞭春”，鞭子打在用泥巴做的牛身上，意在鞭策人们自身，时刻提醒自己要早做准备，辛勤耕耘才能获得好的收成。在古代，打春活动多由皇室或官府组织（图1-8）。在立春前一天，官民预约时间、地点祭祀。地方一般由县长或者县执事一手扶犁、一手执鞭打春牛，以示春耕开始。接着由众人作扶犁耕地状，边打春牛，边喊一打“风调雨顺”，二打“国泰民安”，三打“五谷丰登”之类的吉祥话语。据记载，打春中的土牛，多用桑柘木做胎骨，身体长四尺，象征四季；牛头到牛尾全长八尺，象征八节（立春、春分、立夏、夏至、立秋、秋分、立冬、冬至）；牛尾长一尺二寸，表示一年十二个月。人们把泥牛打烂之后，围观的百姓争相拾取，把捡到的土块打散带回家撒在自家的农田或牛马圈舍，意味着带了春福回家，祈求今年有个好的收成。山西吕梁地区还盛行用春牛土在门上写“宜春”二字，晋东南地区则习惯用春牛土涂耕牛角，据说可以避免牛瘟。

图1-8　打春牛活动（魏睿澎绘）

3. 报春

在华北地区民间盛行报春（图1-9）的习俗，报春时喊“春来了”，唱《春字歌》：“春日春风动，春江春水流。春人饮春酒，春官鞭春牛。”在过去，报春的春官到来，人们见到春官都会作揖行礼。不同时期不同地方的春官扮演者不同，明清时期，中原的“春官”“春吏”多由娼妓或乞丐等身份低下的人充当，因为在北方地区沿街叫喊“春来了”是一件不光彩的事情。而客家地区的春官多由童男来装扮，他们认为童男纯洁，符合神的心意，装扮春官的童男亦可借此方式沾染“神气”，受到春神特别的庇佑。

图1-9　报春（肖植冈绘）

4. 咬春

立春日吃萝卜和春饼称为“咬春”。在清代有专门的《咬春诗》：“暖律潜催腊底春，登筵生菜记芳辰。灵根属土含冰脆，细缕堆盘切玉匀。佐酒暗香生匕梜，加餐清响动牙唇。帝城节物乡园味，取次关心白发新。”人们在这一天吃

图1-10　春牛图（局部）

一些新鲜的食物，既为防病，也有迎春的意味。据说“咬春”以后，整个春天不会犯困。咬春的食物，多以白萝卜和春饼为主，在京津地区民间讲究买个萝卜来吃，民间认为生萝卜味辛辣可以解春困，同时民间还流行立春吃萝卜可以增强妇女生育机能的说法，所以，立春萝卜又被叫作“子孙萝卜”。在江南地区，咬春则流行吃春饼，春饼就是用面粉烙制的薄饼，它是民间立春饮食风俗之一，立春吃春饼有喜迎春季、祈盼丰收之意。年画《春牛图》（图1-10）中就有描绘立春吃春饼的情景，画中三人手里拿着同一种食物，一旁写着：三人九饼、五谷丰登，意思是饼多够吃。这里的饼就是春饼。

5. 戴春鸡

在陕西铜川，有一种名为“戴春鸡”（图1-11）的习俗。每年立春日，家里的长辈会用布制作一只布公鸡，并缝在孩童帽子的顶端，意思是祝愿“春吉”（吉，与“鸡”同音），寄托着家长对孩子们这一年的美好祝福，装饰性也极强。晋东南地区，女孩子们剪彩为燕，称为“春鸡”；贴羽为蝶，称为“春蛾”；缠绒为杖，称为“春杆”。戴在头上，争奇斗艳。这些习俗都是以戴饰物的方式表达人们对春天的喜爱和企盼。

图1-11　戴春鸡（郑雨希绘）

6. 吊春穗

吊春穗是流传于陕西澄城一带的习俗，当地的人们会用各色布绺编成布穗（流苏），或用彩线缠成各种各样的“麦穗”，然后把做好的“麦穗”吊在小孩或青年人的身上，同时也会挂在如驴、马、牛等牲口的身上（图1-12），借以祝福当年风调雨顺，五谷丰登。

图1-12　吊春穗（蔡彬文绘）

7. 剪纸报春

古代，朝廷至民间都极为重视立春日，古时官府常在立春日剪春幡、立春幡劝民耕作。南朝范晔《后汉书·礼仪志》记载："立春之日，夜漏未尽五刻，京师百官皆衣青衣，郡国县道官下至斗食令史皆服青帻，立青幡，施土牛耕人于门外，以示兆民，至立夏。"立青

图1-13　剪春胜（冯颖欣绘）

幡就是剪出纸幡，迎风招展，以合春耕之俗。宋王安中的《象州立春日》记载："二年白玉堂，挥翰供帖子。风生起草台，墨照澄心纸。三年文昌省，拜赐近天咫。红蓼盼御盘，金幡袅宫蕊。晚为日南客，环堵隐乌几。朝来闻击鼓，土牛出城市。幽怀不自闲，欲逐春事起。安得五亩园，种蔬引江水。"也描述了宋代立春日剪春胜迎春天的习俗（图1-13）。

立春的这些习俗，都是对来年生活的美好向往，祈求在一年之始，新一轮的耕作能够风调雨顺，五谷丰登。

四、节俗年画

立春习俗在传统年画中有着丰富的表达。山西绛州《春牛图》（图1-14）画面的中间有一头春牛，春牛是天上下凡的一头神牛，后面跟着一个牧童——芒神。芒神身长三尺六寸五分，象征着农历一年的三百六十五天；芒神手持鞭长二尺四寸，代表二十四节气。另外芒神的装扮也有讲究：当他没有穿鞋，裤脚挽得比较高时，代表该年多雨水（裤脚挽得越高，则表示水灾越严重）；如果双脚都穿草鞋，那么代表该年干旱；一只脚光脚，另一只脚穿草鞋时，则代表该年雨量适中、旱涝保收。年画下方有三人坐在一起吃着春饼，写着"三人九饼、五谷丰登"，寓意粮食产量丰厚。画面中间写着"我是上方一春牛，差我下方遍地游。

不食人间草合（和）料，丹（单）吃散灾小鬼头”，喻示着春牛对人间的福佑。

山东杨家埠清代初期的一幅《打春牛》（图1-15)，画面分上中下三部分，描绘的内容很多。最上层是发财、消灾、好收成之类的吉祥语；中层从左到右依次是天喜星下凡送喜、马生双驹（说明畜力增加、六畜兴旺）、三个农夫吃饼旁边有四把锄头，文字说明是“丰收太平年，短工作了难。东庄好饭食，西庄多给钱”“四锄三丙（饼）”；下层左边是“东庄、西庄争短工，西庄说‘钱多’，东庄说‘饭好’”；再往右边是芒神赶春牛。这幅画非常写实，充分表达了人们对农业丰收、无病无灾的期盼，这正是农民朴素情感在年画中的真实反映。

图1-14　春牛图（印沁堂收藏）

图1-15　打春牛（印沁堂收藏）

天津杨柳青年画《春牛图》（图1-16），芒神手里拿着一个春饼，赶牛的竹鞭上挑着一朵大牡丹象征富贵，松枝象征长久。

图1-16　春牛图（印沁堂收藏）

山东潍坊年画《春牛图》（图1-17）描绘了立春时节的场景：右下角芒神正在鞭打春牛，寓意鞭策人们该耕种劳作了；右上角的三人在开满花的树下吃着春饼，寓意五谷丰登；左下角是各庄抢短工的场景，寓意今年粮食大丰收；左上角的树下有一匹马刚生了两只小马，寓意六畜兴旺。整张画通过不同场景的内容体现了画上方那句话的意思：“马下双驹大春牛，今年日子不用愁，六畜兴旺，五谷丰收”。

图1-17　春牛图（印沁堂收藏）

河北武强的《新春大喜》（图1-18）是一幅新年画，所谓新年画的“新”有两重含义：一是新在制作工艺上——即制作工艺不再只拘泥于传统木刻（晚清后受西方现代印刷技术的影响，传统手工木刻年画技艺受到冲击，开始陆续出现手绘石印风格的新年画，其中以民国上海地区海派绘画风格的月份牌为代表）；二是审美上的新——同样是受西方写实派审美的影响，传统木刻以线条和平面造型为特征的木版年画被强调空间感的写实风格的新年画所代替。很明显，这是一幅传统春牛图演变而来的新年画，具有很强的时代特征。

图1-18　新春大喜（根据原图重绘）

在画中，耕牛变成了拖拉机，芒神也摇身一变成了拖拉机手（但仍然是一个孩童的形象，这在某种程度上是对传统样式的保留），拖拉机机头旗帜上写着“人民公社万岁”。在画的下层两侧是对称的玉米、麦穗、高粱等农作物，上层是双凤朝阳和1963年至1965年三年的农事节气表。这幅作品与其说是表达了百姓对农业丰收的期盼，不如说是体现了对人民公社的热情和对新政策后农业恢复的憧憬。

五、小结

虽然南北方以及新旧时代的《春牛图》有着不同的表现形式，题材和内容也因时代的发展而有所转变，但对丰收的期盼、对新一年的憧憬主题却亘古不变。它寄托了人们对和谐、美好幸福生活的向往，具有浓郁的生活气息，因而备受人们的喜爱，至今流传不衰。《春牛图》也是先人们对于自然规律探索的间接反映，在旧社会一定程度上很好地指导了农业耕作和生产。

第二节　春节

一、节日简介

春节是中国传统农历新年的第一天，全世界的华人都会举行隆重的节日庆典，家家户户都张灯结彩，贴年画、贴春联、放鞭炮、吃年饭、走亲访友，春节在华人文化圈中的影响力无与伦比。

春节在农历正月初一，俗称“正日”“过年”“元旦”“端日”“岁朝”“正旦”等。从别称上看这个“元旦”跟我们今天定义的元旦有所不同——元旦（传统的元旦就是指大年初一，现在所说的元旦是指公历的1月1日，这个习惯是在民国时期推行公元纪年后被改过来的）的“元”，有“初”“始”的意思，把“旦”拆开来看，“旦”字的上半部分为“日”字，“日”代表着太阳，下半部分的“一”代表地平线。“旦”就是太阳从地平线上慢慢升起，象征一日的开始。古人把“元”和“旦”两个字结合起来，引申为新年伊始。

元旦又叫作“三元”，据唐徐坚《初学记》引隋杜台卿《玉烛宝典》载：“正月为端月，其一日为元旦……亦云三元。”“三元”在这里解释为“岁之元，时（季）之元，月之元”。当然，“三元”一词意思很多，如在岁时称谓中除指元旦外，还指正月十五、七月十五，十月十五为上、中、下三元，亦指科举考试中三个级别的头名。

二、节日由来

据《尔雅》（佚名，成书时间约在战国到汉时期，具体时间不详）载："夏曰岁，商曰祀，周曰年。"春节，相传起源于殷商时期年初、年尾的祭祀活动（出处），历数千年。作为时间上的一个轮回分界，春节本身就有着特殊的时间意义。而年是一个时间的概念，一年分为四个季节、十二个月、二十四节气、七十二候，月往下分又有天、时、分、秒等，那么这些时间的概念是如何被确定下来的呢？

相传，在古代有一个叫"万年"的樵夫，一天他上山砍柴，坐在树下休息时发现树的影子会随着时间的流逝而发生变化，万年灵机一动，回到家后就设计了一个"日晷仪"（图1-19）（由晷针和晷盘两部分组成），晷针垂直于晷盘，通过晷针日影在晷盘上的时间刻度就能测定时间，即"立竿见影"的工作原理。

影子靠光，在没有影子的夜晚和阴雨天又如何确定时间呢？有一天，万年在泉水边喝水，看见崖上的水很有规律地往下滴，滴水声启发了他的灵感。回到家后，万年就根据滴水的规律制作了一个壶漏装置。这个壶漏装置（图1-20）的工作原理即通过一个装满水的盛水器，下面有水阀控制，可以放水。里面用竹木材料制成箭舟托，然后在漏壶上加盖子，盖子中间有一个小孔，一只标注有刻度的箭杆从小孔插入，立在箭舟上，随着壶内水面的下降，箭舟也会一起下降，箭杆也会慢慢沉入壶中，通过箭杆的刻度，就能确定时间了。

图1-19　日晷仪（肖植冈绘）

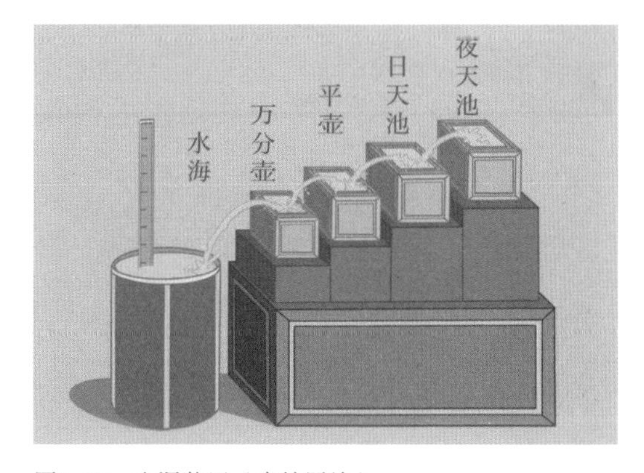

图1-20　壶漏装置（肖植冈绘）

这样一来，不管天气如何，都可以准确地掌握时间了。但是此时年的概念还没有被确定，万年通过日复一日对天空中星象的观察，发现北斗七星在不同的时节会围绕着北极星发生有规律的旋转变化，且循环旋转与季节变换有密切的关系。根据长时间的观察发现：当北斗七星斗柄指向东时，是春天；斗柄指向南时，是夏天；斗柄指向西时，是秋天；斗柄指向北时，是冬天。

后来万年带着自己发明的日晷和漏壶去见当时的国君祖乙，碰巧祖乙也正因为时间的周期确定问题而烦恼，万年便向祖乙说明了日月运行的道理。祖乙听完之后把万年留下来，让他专职负责测算日月星辰运行规律，推算时间创建历法，为百姓造福。后来在万年长期不懈的努力下，逐步将这套历法确定下来，这就是万年历的来历，也是年的来历。

三、节日习俗

春节是全球华夏儿女最为重视和隆重的传统节日，无论走到哪里、身处何方，我们总是能在春节这一天看到每一个华人脸上充满喜悦的表情，以及那些再熟悉不过的过年习俗。

1. 拜年

传统的拜年（图1-21）形式因时代而异，但拜年对象同样大多以长辈、师友、亲朋为主。如在宋代孟元老的《东京梦华录》卷六中就有提及："正月一日，年节，开封府放关扑三日，士庶自早相互庆贺。"说的是正月初一是新年，开封府解除禁令，允许博戏三天，士子平民从早上起来就互相拜年。可见这时的拜年活动主要流行于民间。明朝之后朝廷官员也加入了拜年的行列，明中叶陆容在《菽园杂记》卷五中说："京师元旦日，上自朝官，下至庶人，往来交错道路者连日，谓

图1-21 拜年（冯颖欣绘）

之‘拜年’。然士庶人各拜其亲友多出实心。朝官往来，则多泛爱不专……”到了清朝时期，拜年还有先后顺序，据清人顾铁卿《清嘉录》记载：“男女以次拜家长毕，主者率卑幼，出谒邻族戚友，或止遣子弟代贺，谓之‘拜年’。”

图1-22 飞帖
（肖植冈绘）

在宋代，大户人家若因亲友众多无法亲自一一道贺，还会遣仆人带名片去拜年，称为“飞帖”（图1-22）。“飞帖”始于宋朝上层社会，之后慢慢流行于民间。到了清朝已可见春节临近时百姓门前都会贴一个写着“接福”二字的红纸袋，此物即用来放飞帖的，类似今天宅门前的邮箱。宋人周辉在《清波杂志》中说：“宋元祐年间，新年贺节，往往使用佣仆持名刺代往。”当时士大夫交友甚广，若逐一登门拜年，非常耗费时间精力，因此一些关系不是非常密切的朋友就不亲自前往，派仆人持用梅花笺纸做的卡片（名刺）前往代为拜年，卡上写有贺人姓名、住址和祝福语等。

明朝诗人文徵明在《拜年》诗中描述：“不求见面惟通谒，名纸朝来满蔽庐。我亦随人投数纸，世情嫌简不嫌虚。”这里所言的“名刺”和“名谒”有如现今的贺年卡，现今新年互送贺卡便是这种古代互送飞帖的遗风。

清人《燕台月令》形容北京年节，“是月也，片子飞，空车走”，形象地记录了新春时节亲朋好友拜年时的热闹景象。清人艺兰生在《侧帽余谭》中说：“京师于岁首，例行团拜，以联年谊，以敦乡情。”“每岁由值年书红订客，饮食宴会，作竟日欢。”说明在清朝已有“团拜”的拜年形式，拜年习俗发展至此已非常接近今人的现实生活。

2. 开门炮仗

大年初一，开门第一件事就是先放爆竹，即“开门炮仗”。爆竹声后，鞭炮碎红满地，开门就是红红火火的场景称为“满堂红”。这时满街喜气洋洋，人人见面互道一声“新年好”，新的一年也由此拉开了序幕。随着科技的发展，有了春晚等娱乐节目，人们便将熬年守岁文化与之相结合，索性在大年初一零点开始大放烟花爆竹，庆祝新年的到来，属于“开年炮仗”（图1-23）。据南北朝宗懔《荆楚岁时记》记载：正月初一，鸡叫头一遍时，大家就纷纷起床，在自家院子里放爆竹，来逐退瘟神恶鬼。当时没有火药，没有纸张，人们就用火烧竹子，竹子在燃烧时会爆裂发出声响，以驱逐瘟神。到了唐朝，爆竹又被人们称为“爆竿”，将一支较长的竹竿逐节燃烧，连续地发出竹子爆裂的声音。南昌诗人来鹄的《早春》诗句：“新历才将半纸开，小庭犹聚爆竿灰。”描绘的就是当时春节燃烧竹竿的情景。

图1-23　开年炮仗（冯颖欣绘）

3. 贴画鸡

在中国传统文化中，鸡被视为一种灵物，自古有之，人们将正月初一至初八的八天分别以六种动物（一鸡、二犬、三猪、四羊、五牛、六马）相称。正月初一是鸡日，即吉日。为什么人们将第一天定为鸡日呢？古人重视鸡，称它为“五德之禽”，汉代韩婴《韩诗外传》描述鸡的五德：头上有冠，是文德；足后有距能斗，是武德；敌前敢拼，是勇德；有食物招呼同类，是仁德；守夜不失时，天明报晓，是信德。

东汉应劭《风俗通义》中提到：“除夕，把鸡挂在门上，以和阴阳。”《宋书·礼志一》：“旧时岁旦，常设苇茭、桃梗、磔鸡于宫及百寺门，以禳恶气。”宋朝葛立方《韵语阳秋》卷十九：“岁时有祓除不祥之具，而元日尤多，如桃版、韦索、磔鸡之类是也。”可见一开始人们不是直接贴画鸡而是磔鸡，磔鸡即正月一日杀鸡挂于门以除不祥，从魏晋时期开始出现贴画鸡于门窗上的风俗——称为贴画鸡。南北朝宗懔《荆楚岁时记》有云：“帖画鸡户上，悬苇索于其上，插桃符其傍，百鬼畏之。”

从古至今，鸡就是吉祥的化身。无论婚丧嫁娶、祭祀拜神还是冠戴装饰等都离不开鸡。作为吉祥的化身，鸡被赋予了许多神秘色彩。据晋《玄中记》中描述：当太阳初升时，阳光照射到一棵大桃树（引自《山海经》内述度朔山上的桃树）上，站在桃树上的天鸡开始啼鸣，它一啼，天下的鸡便都跟着叫了起来。所以春节所贴的画鸡，其实就是象征“天鸡”。

鸡被人饲养的同时兼具啄食害虫和报晓的任务，鸡可以说是值得人类信赖的好伙伴，所以在门画中人们将它作为驱五毒和报晓的司晨的守护者。正因如此，民俗画和年画中的“鸡”题材就成了春节的标配，寓意满满的吉祥。

4. 包饺子

在新的一年，北方地区流行包饺子，吃饺子是人们辞旧迎新之际祈求愿望实现的特有方式。饺子形状像元宝，包饺子意味着包住福运。

四、节俗年画

中国人的过年时间跨度很长，从节前腊七、腊八开始准备年货到正月中的元宵节才算正式结束。这期间有一系列的活动，清代山东新城年画《同乐新年》（图1-24）就描绘了民间喜闻乐见的经典民俗的八个场景：从右往左看“同乐

图1-24 同乐新年

新年”四字分布在四个不同的场景里，每个小场景都标明了各个民俗活动的主题——场景从右往左、自上而下依次描绘的是：风调雨顺（长辈们带着后辈礼拜天地三界众神场景）、辞皂（灶）王（祭灶时的场景）、国泰民安（全家在祭拜增福财神的场景）、年夜饭（一家人在吃团圆饭，小孩子吃完饭在嬉戏）、敬祖先（一家人在祖宗牌位前祭拜的场景）、花炮连天（全家老少过年放烟花的场景）、兄友弟恭（兄弟二人同贺新年，互相拜年的场景）、夫妇拜节（大年初二回娘家拜年的场景）。八个场面组合起来，就是一组活生生的过大年民俗生活图像。

同样描绘过年时热闹场景的还有这幅天津杨柳青年画《新年多吉庆，合家乐安然》（图1-25），描绘的是清朝时期的一大户人家热热闹闹过大年的情景。场面叙事空间宏大、人物众多，分几个区域展开。首先，在画面的中间有一扇大门，有两个人提着酒往门内走，同时往门内走的还有一头大肥猪。民间有“肥猪拱门”的说法，猪叼着元宝，寓意着“财源广进”。画面中间的位置，两个成年人在相互作揖拜年，这是过年时见面的基本礼仪。旁边的妇女围在一起包饺子，小孩子端举着包好的饺子递给旁边的人。画面的右边有个炕，上边坐着老、中、青、少、小共五代人，象征五世同堂，五世同堂在传统家族观念里是非常重要

图1-25　新年多吉庆，合家乐安然

的，是大福气的象征。左边的炕上两位太太带着孩子在玩骨牌的游戏，这也是传统年节中的主要娱乐项目。左下角的粮仓装满了金银财宝。在这幅年画里还有鸡，是吉祥如意的意思；有鱼，指的是家庭富裕。另外，过去有讲究，一个家庭里不能只有人，还要有动物，没有动物的家庭是不完美的，所以创作者在这幅年画里画上了撒欢的小狗和叼着鱼的馋猫，欢喜俏皮的神情尽收眼底。年画中屋里屋外粮食金银满仓，右边这个灶台，里面正在发着馒头，发馒头又有发的意思，寓意着发财。正所谓艺术来源于生活，年画艺人们把活生生的生活搬到了年画里面。

山东潍县年画《开市大吉》（图1-26）中两只公鸡左右站立，眼睛炯炯有神，画中有聚宝盆，上有牡丹，两旁有石榴、寿桃、梅花等，象征富贵、多子和长寿等吉祥元素，整幅画面表达大吉大利、功名富贵的寓意。此画多用于商户贴用。

图1-26　开市大吉（印沁堂收藏）

家喻户晓的中国传统年画《连年有余》（图1-27）出自天津杨柳青，杨柳青年画素来以精巧著称，所谓精，即绘稿细致、刻版工整；所谓巧，即立意构思巧妙、手绘工艺高超、笔意结合恰到好处。《连年有余》这幅年画，鲤鱼象征余足，莲花象征绵连；憨厚可爱的娃

图1-27　连年有余（印沁堂收藏）

娃的头发一边是髻（象征女孩），一边是辫（象征男孩），男女相合谓之“好”（也有儿女双全之意），寓意老百姓的生活越过越好。这构思怎一个“巧”字了得!

传统年画中大多数以展示人们的生产、生活内容为主，这种生活既有对男耕女织、美妇胖娃的现实描述，也有关于五福同堂、风调雨顺、五谷丰登之类的理想追求，这是藏在年画深处最广泛的人民向往美好生活的精神世界。

五、小结

春节作为中国最为盛大的一个传统节日，也是中国年节文化的缩影，被赋予了太多的人文情感，是全球华人至为重要的节日。春节礼俗活动中包含着极为浓厚的中国传统人文思想和道德纲常。今天的我们，正是借助于像春节这样的传统节日源源不断地接受着来自千百年间华夏先祖们的文明福荫和庇佑，才使得中华文化得以延续和传递，这种力量自华夏文明创始以来从未被中断。

第三节 初二

一、节日简介

迎请财神是春节期间最重要的民间俗事之一，正月初二迎财神的习俗主要流行于老北京，南方的迎财神日则以大年初五这一天居多，如广东地区。尽管南北地域和时序存在差异，迎请财神的主旨是一致的。老百姓为了在新的一年能得到财神的眷顾，会在迎财神这天以隆重的仪式迎接财神的到来。

二、节日由来

财神，顾名思义就是民间主管财源的神明，财神崇拜主要源自中国民间信仰和道教。根据财神类别及职能的差异分为正财神（正式授封的文武仙官）、准财神（未获封，但受民间追捧，百姓认为可为自己带来财运）、活财神（在世时已被民间推崇为财神）、道教财神等。其中，正财神又可分为文财神（如李诡祖、范蠡、比干）、武财神（如赵公明、关公）。另外财神还有方位一说，即与东西南北中相对应的五路财神。五路财神又细分为大五路财神和小五路财神（大五路财神：东路财神比干，南路财神柴王爷，西路财神关公，北路财神赵公明，中路财神王亥；小五路财神：赵公明及其手下的四位部将，中路为武财神赵公明，东路财神招宝天尊萧升，西路财神纳珍天尊曹宝，南路财神招财使者陈九公，北路财神利市仙官姚少司）。

除此之外，民间财神信仰文化中还衍生出一种较为特别的“偏财神”——捞“偏财”的人拜的财神。民间拜偏财神有两种形式：一种是正财神偏放，即让财神爷脸朝一侧或把财神放在供桌一侧；另一种则是以香火贿赂财神爷的宠物或者坐骑，最常见的就是供拜刘海财神的金钱蟾或赵公明财神的坐骑黑虎。

下面详细介绍代表性财神人物。

1. 文财神（代表人物：李诡祖、范蠡、比干）

李诡祖

北魏梁县（今河北曲周县）县令，在民国九年（1920年）版《三续淄川县志》中就有关于他的记载：“北魏李诡祖。孝文帝时，任曲梁令。当南北纷争，民苦兵戈，独能抚楫流亡，敦行教化，与民休息，卒于官。民怀其德，立庙尸祝之，至今享祀不衰，明晋祀名宦祠。”李诡祖一生为官清正廉洁，将自己的官职俸禄无私救济于百姓，一心一意为民服务，他的事迹感动世人，在其死后被百姓立庙纪念。后来传他是天上的太白星，属金神。被后世称为财帛星君、增福相公、福善平施公等。他的画像也经常与福、禄、寿三星和喜神出现在同一张画像中，合起来为福、禄、寿、喜、财。

范蠡

春秋时期越国名臣，辅佐越王勾践雪耻复国后弃官从商，曾经“三致千金”（三次散尽家财），又三次重新发家。第一次散财：范蠡助越王勾践称霸中原，成为越国大功臣之一，高官显位尽享荣华富贵。然而范蠡却在此时辞掉高官俸禄，将全部家产上缴国库，离开越国。第二次散财：范蠡离开越国后换新名字，白手起家，利用周边的盐业资源，开展商业贸易，短短几年就积累了数十万家产。齐王听说了他的才能之后，便请他去做齐国的宰相，但范蠡不从，于是他把财产送给了周围的乡亲，离开了齐国。第三次散财：范蠡又迁居到了陶地（现山东省菏泽市定陶区），自称朱公。在陶地重新创业，不久就成了当地的首富。恰逢天下大旱，农作物颗粒无收，范蠡便把全部财产拿出来救济灾民，万贯家产一日便用完了。这次散财之后，没过几年，他便再次积累起万贯家产。范蠡因为善于理财又乐善好施，被世人奉为财神。

比干

据《史记・殷本纪》载：比干是商纣王的叔父，为人正直无私，他见纣王荒淫无道、残暴不仁，心里非常着急，常常直言上书劝谏。在一次劝谏时，纣王非但不听，还大怒道："我听说圣人的心有七窍，今天我倒要看看你的心是不是七窍。"比干遭遇摘心之祸，当即怒视纣王，将自己的心挖出扔在地上。传说比干虽然没了心，但据《封神榜》记载，吃了姜子牙的灵丹妙药，并没有死去。因为没了心，也就正直无私，办事公平，因此比干深受人们喜爱，被当作财神供奉起来。比干后来被道教尊封为文曲星，成为天下文人的保护神，掌管着人们的功名利禄，也是福禄寿中的禄神。

2. 武财神（关羽、赵公明）

关羽

山西人，民间尊称其"关老爷""关圣帝君"，旧时重农抑商，百姓们认为"无商不奸"。山西人擅经商，足迹遍及四方。"晋商"们借用关公重义轻利的名声，所到之处大兴土木兴建关帝庙，逐渐将关公推为武财神之首。关羽也渐渐地被神化。从明代到民国，关公庙兴建数量一度超过孔庙。再加上晋商做生意讲究货真价实、重义轻利、薄利多销，几乎垄断了当时全国各地各行业的市场。关羽成了民众普遍信仰的武财神，实际上这也是人们对传统道德秩序的一种自我心理约束。

《三国演义》第二十五回至第二十七回记载：关羽和刘备失散后，被曹操留在营中，"封侯赐爵，三日一小宴，五日一大宴，上马一提金，下马一提银"，恩礼非常。但关羽却系念刘备，后来得知刘备在袁绍处，遂挂印封金，"过五关斩六将"，终于回到刘备身边。而在民间传说中，关于其"挂印封金"的细节则更加详细。据说关羽得知刘备下落后，不仅将曹操赐赠交还，且一一进行颇具条理的记载，有着账本的雏形，故在民间有将关羽称作"记账祖师爷"的说法。不过，关于此说还另有说法，据传关羽十分擅于会计业务，曾发明《日清簿》，涵盖原、收、出、存四项，为后世广泛沿用，故有"记账祖师爷"之称。

关公是会计行业的祖师爷。据说关公年轻的时候，在老家山西（运城解州）经商，以贩卖布匹为业，精于理财之道，最擅长算数记账，曾设簿记法，发明了日清簿，即现代流水账本；他投奔刘备后，除了打仗还负责军营的财务工作。关公的青龙偃月刀十分锋利，“利”与生意上求“利”同音同字，有求之获利、财运亨通之意。因此，后世商人都供奉武财神关公。

赵公明

又称赵玄坛、赵元帅、赵公元帅，是道教及民间信仰尊奉的“第一财神”。赵公明最早出现于晋代干宝《搜神记》卷五云：“今年国家有大事，出三将军，分布征发。吾等十余人，为赵公明府参佐。”又云：“上帝以三将军赵公明、钟士季等各督数鬼下取人。”由此可见，赵公明最初是以率领鬼兵、下界取人性命的“鬼将”身份出现。

在成书于东晋时期的道教经典《女青鬼律》中，赵公明是“五方鬼主”“五方温鬼”之一：“西方白气鬼主，姓赵，名公明，领万鬼，行注黑之病。”南北朝道书《太上洞渊神咒经》中也记载：“又有刘元达、张元伯、赵公明、李公仲、史文业、钟士季少都符，各将五伤鬼精二十五万人，行瘟疫病。”可见，赵公明最初的职位不是财神而是“行瘟使者”“瘟神”。

《三教搜神大全》（图1-28）称其能“驱雷役电，唤雨呼风，除瘟剪疟，保病禳灾”“至如讼冤伸抑，公能使之解释，公平买卖求财，公能使之获利和合。但有公平之事，可以对神祷，无不如意”。明代小说《封神演义》中姜子牙封赵公明为金龙如意正一龙虎玄坛真君，率领“招宝天尊萧生”（拿如意）、“纳珍天尊曹宝”（拿珍珠、珊瑚）、“招财使者陈九公”（拿招财旗或推运财车）、“利市仙官姚少司”（拿算盘、账册）统管人世间一切金银财宝。

图1-28　《三教搜神大全》中赵公明形象

3. 准财神（王亥、刘海）

王亥

不论是文财神、武财神，人们都希望通过信奉财神得到保佑进而财源滚滚。以前信奉财神的大多为做生意的商人，那“商人”这个称呼又是怎么来的？相传“商人”与华商始祖王亥有关。

王亥，夏朝时期商丘人，因发明了牛车用于部落间的交易，加快了农牧业的发展，部落因此得以强大。久而久之，人们就把专门从事这种商品贸易的商部落人称为“商人”，把交换的东西称为“商品”。后世也因此将王亥称作“华商始祖”“准财神”，又因为其所在的商丘地处中原方位居中，所以又称之为“中斌财神”，确立了其在民间信仰中的地位。

提到中斌财神，民间还有九路财神之说，王亥居中，为中路财神，东路财神比干，西路财神关公，南路财神范蠡（柴荣），北路财神赵公明，东南财神管仲，东北财神李诡祖，西南财神端木赐，西北财神白圭。

刘海

又名刘海蟾，在宋代李石《续博物志·卷二》中有详细的记载：“海蟾子姓刘名昭远，华山陈持馆之道院，与种放往来。盖五代宋初人。”刘海蟾是道教全真道北五祖之一，在明朝《列仙全传》中，刘海位列八仙之一，到了《八仙出处东游记》中，张果老顶替了刘海的位置成为八仙之一。

刘海与财神本来没有什么关联，能成为财神或许与他和金蟾的民间传说有关。在中国文化典故和历史传说中，有许多正史和民间传说，被戏剧传唱与民俗文学糅合掺杂在一起，成为难以说清源流的新故事。在今湖南常德一带流传的“刘海戏金蟾”的传说便是其中一个版本。故事发生在常德城内，常德城有一口丝瓜井，里面住着一只三足金蟾，此蟾能吐白光，乘此光者可升仙。住在井边的刘海为人善良、孝顺，一天上山砍柴救了一只狐狸，后来狐狸修炼成精并幻化成姑娘与刘海成亲，婚后欲济刘海登天，便口吐白珠，让刘海做钓饵，垂钓于丝瓜井中，那三足金蟾咬钓而起，边咬边吐金钱，刘海乘势骑上蟾背，纵身一跃，羽化登仙。后来金蟾成了刘海身边能吐金钱之宠物，同时金蟾也成了偏财神之一。

“刘海戏金蟾”的传说最迟在宋代已经诞生。北宋词人柳永《巫山一段云》中：“贪看海蟾狂戏，不道九关齐闭。”可见当时已有刘海狂戏蟾的戏曲演出。考究起来，其所谓“戏”是一种巫术动作。刘海戏蟾最初的目的并不是戏蟾而是除蟾。据《古今图书集成·神异典》引《邵武县志》说：“刘海蟾，名元英。……或曰：元英本名海，尝以道力除蟾祟，故称为海蟾云。”刘海戏蟾的故事几经演变，喜剧色彩越来越浓，刘海“戏”的巫术驱邪意义逐渐消失，蟾已不再是除祟的对象，而成为施行法术的灵物。

4. 活财神（沈万三）

沈万三，在元末明初的时候，江苏有位富可敌国的商人沈万三，沈万三为富行仁，自身日常起居异常俭朴。相传，沈万三在打鱼时捞到了一个聚宝盆，这个聚宝盆非常神奇，放一个元宝，就能拿出一盆元宝；放一粒米，就能取出一盆米。正是靠着这个聚宝盆，沈万三的财富取之不尽、用之不竭。沈万三平时乐善好施，在世时就被人们称作财神，也就是人们常说的“活财神”。

三、节日习俗

1. 送穷

送穷（图1-29），即在大年初二这一天把家里的旧物、垃圾送出家门。民间自古有大年初一不扫除的习俗，认为会扫走新年积攒的福气。在初二（部分地区在初三、初五，如广东人在初三，陕北则在初五）这一天，家家户户都会早起打扫屋舍，以家门为界，把家里面不需要的东西和垃圾送出门去，在广东梅州地区还会将过年期间放的鞭炮屑清理堆放到户外，在鞭炮屑堆上点上香，借此“送走穷鬼”。

图1-29　送穷（魏睿澎绘）

2. 迎财神

图1-30　迎财神（冯颖欣绘）

迎财神的时间各地并不完全统一，有的地方是在大年初一的零点，如广东梅州五华地区；有的在初二，如老北京；有的则是大年初四或者初五，如广东大部分地区。与“送穷”不同，“迎财神”（图1-30）是从家门外往家里迎。迎财神时家家户户点燃鞭炮，一边燃放鞭炮一边往家里走，意在把财神从外面迎到家里。

财神到家，人们认为须虔心祭拜，所以会在家里张贴财神画。财神张贴的方位也有很多讲究，不正对大门入口，也不正对房门，一般会在进门的斜对角干净明亮处（也可燃长明灯），多象征财不外露，不炫富。另外普通人家一般贴文财神，经商和做生意的贴武财神，文财神张贴一般面向屋内，武财神则面向屋外或正对大门。

3. 送柴水

旧时华北地区民间还流行“送柴水”的习俗，在大年初二这天，清晨祭祀财神之后，就会看到挑水夫为每家送一担水和一捆柴，并在门前大声吆喝：进柴（财）进水了！接柴（财）水的人家热情接待水夫并大声回应：接柴（财）水、接柴（财）水！（图1-31）寓意主人家新年财源广进。

图1-31　送柴水

4. 元宝汤

旧时北方大年初二还流行吃元宝汤（图1-32），元宝汤也叫馄饨，因其形状像元宝，所以人们认为吃馄饨就是招财进宝。

图1-32　元宝汤（冯颖欣绘）

四、节俗年画

财神主体人物众多，加上地域不同，文化习惯和偏好差异，反映到年画中的具体形象也异常繁多复杂。

天津杨柳青年画《新正初二迎接财神》（图1-33）描绘了迎接财神的热闹场景，在画面的正中间屋主在祭祀台前摆放贡品迎接财神的到来，画面中身着红衣头戴官帽的财神从外往里走，身边还有瑞兽伴行。财神身后的门上贴着“发福生财地，堆金积玉门”的红纸，在两旁炕上的妇女、儿童拿着金银财宝开心地玩耍，两边角落有装满了珍宝的聚宝盆，俨然一副富贵人家的热闹场面。

图1-33　新正初二迎接财神（日本早稻田大学收藏）

年画中目前发现最早的关羽画像是1909年出土的山西新绛的《义勇武安王》（图1-34）。北宋时期，皇帝加封关羽为“义勇武安王”。从画中可以看出几部分内容：一是这幅画是以关羽的封号“义勇武安王”为创作题材，说明其在创作的时候就已被封王，但是画中的关羽并没有配以王的装饰和扮相，而是如实地反映了关羽战将的身份；二是在金代时关羽已经是“丹凤眼，卧蚕眉，五绺美髯”的形象，早于《三国演义》中所描写的“髯长二尺，面如重枣，唇若涂脂，丹凤眼，卧蚕眉”；三是整幅画的构图以关羽为中心，其他人环绕在其身旁；四是周仓握刀、关平捧印的组合已经出现。

图1-34　义勇武安王（印沁堂收藏）

山西年画《山西夫子》（图1-35）中关公端坐正中，前方两侧为关平和周仓，后方两侧还有两位随从，上书“山西夫子”，“夫子”是古代读书人对德高望重的老师的敬称，文圣孔子就被称之为孔夫子，关羽被尊为武圣，与孔夫子对应，自然有了关夫子的称号，因其家乡在山西，故被称为山西夫子。民间信仰中，不仅求雨有赖于关帝，百姓祈求生育、消灾除病、家庭和睦等方面都有求于关羽。

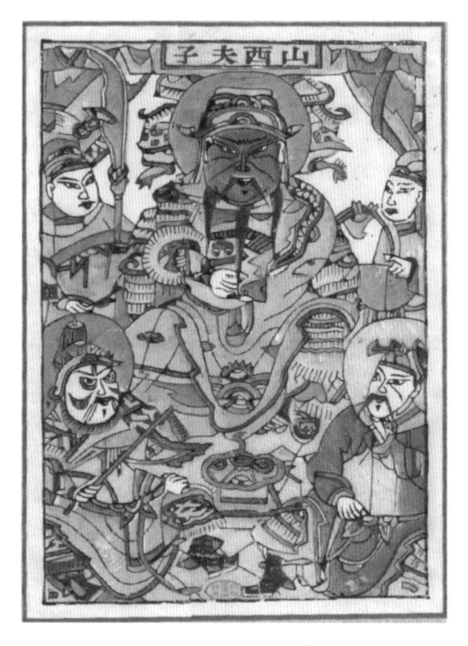

图1-35　山西夫子（印沁堂收藏）

清初以来，“刘海戏金蟾”题材的年画在民间非常流行，多为刘海用绳索缚着一串金钱与金蟾玩耍的情景，如陕西凤翔年画《刘海戏金蟾》（图1-36）描绘的刘海是一赤脚的老汉形象，左边这幅刘海手里拿着一个葫芦，正在往外倒着金钱，被脚边的金蟾吸去。右边这幅刘海扶着卧趴在背上的大金蟾，身边被金钱所围绕。

图1-36　刘海戏金蟾（印沁堂收藏）

山东潍坊年画《沈万三打鱼》（图1-37）描绘了沈万三打鱼时得到龙王所赐聚宝盆时的场景。画中慈眉善目的渔民是沈万三，右边站着的分别是龙王和龙太子，身旁和身后为沈家仆人和家眷在用渔网兜盖一个浮在水上盛满金银元宝的聚宝盆，船上方的树枝串满铜钱元宝。

图1-37　沈万三打鱼（印沁堂收藏）

山东青岛宗家庄年画《增福财神》（图1-38）中的人物为文财神李诡祖。画的正上方写着“万宝朝宗”，画中的财神慈眉善目，身穿大红官服，腰挂玉带，一手持如意（这是增福财神的典型形象特征），正前方放着聚宝盆，上面站着一个童子手持“发福生财”条幅，寓意财源滚滚；前方左右各两人手里拿着宝物，后方两童子持“日月”和“乾坤”障扇。相传李诡祖有求必应，最乐于帮助善男信女。

图1-38　增福财神（印沁堂收藏）

沈万三作为活财神，是人们心目中劳动致富、平民创业的榜样，这也是沈万三几百年来一直深受人们喜爱的原因。山东潍坊年画《活财神》（图1-39）中的沈万三端坐正中，目视前方，手持金元宝，前列聚宝盆，康百万、阮子兰（此二人也是活财神成员）在其左右，两边还有小马背着金银财宝走来。

民间谚语有云：“柴王推车走得快，金银财宝进家来。”柴王推车年画主要见于河南地区，河南朱仙镇年画《柴王推车》（图1-40）描绘了财神柴王的形象，画中左右两边的人物形象动态类似，画中的柴王戴帽，似面带微笑，左边人物着绿衫红裤，手推插有“对我生财”旗帜的推车；右边人物着绿衫紫裤，手推插有“日进斗金”旗帜的推车。车上满载金银财宝，左右两边人物似驱车相向驶来，寓意财富两边来。

图1-39《活财神》 （印沁堂收藏）

图1-40 柴王推车（印沁堂收藏）

五、小结

纵观财界之诸神，关公取义，范蠡布施，沈富行仁，比干无私，古人在表达对财富需求的同时还对财富之意寄予了更多的内涵，诸如奉献、诚信、智慧、节俭、行仁等。我们常讲“君子爱财，取之有道”，就是对财富的追求之传统古“德”的体现。这种朴素的金钱价值观对今大的我们仍然有着很强的现实意义。

第四节 初三

一、节日简介

严格来说，民间老鼠娶亲更多的是一种习俗而非正统的节日，具体日期也不统一，有的地方在正月初七（河南），有的在正月初十（山西平遥），不少地区是正月初三（赣南、闽西、台湾）。老鼠娶亲又称老鼠嫁女、鼠纳妇、鼠娶亲等。俗话说：“老鼠过街，人人喊打。”老鼠是人们平日里非常厌烦的动物，最擅长做的事就是偷盗家里的粮食，还会破坏农作物等，影响粮食生产，给人们生活带来各种危害。既然如此，为什么还会有一个专门的日子安排给老鼠，老鼠娶亲到底是在讲什么，是在初三晚上大家要去集中灭鼠吗？

二、节日由来

老鼠娶亲的故事源自印度《五卷书》第三卷中的第十三个故事“老鼠嫁女”，传入中国后与本土文化结合逐渐在民间流传下来。民间关于老鼠娶亲的故事版本非常多，在此仅介绍其中比较常见的一个。相传，老鼠夫妇生了个女儿，女儿长大后，老鼠夫妇便想要把她嫁给世界上最厉害的动物。几经周折发现还是老鼠最厉害，便想到了自古以来老鼠最怕猫，于是决定再去找花猫试试。见到花猫，老鼠说明来意，花猫听后内心暗喜，满口答应。举办仪式那天，老鼠们用最隆重的仪式将女儿出嫁，没想到热热闹闹的送亲

图1-41 老鼠娶亲故事（杨务玲绘）

队伍就这样送到猫肚子里去了。《老鼠娶亲故事》（图1-41）从内容上看，故事原型虽源自外域，但在中国本土历史上却也出现过与之相似的生活原型。例如汉高祖刘邦宠姬戚夫人的事迹（刘邦逃亡过程中得到戚氏父女的帮助，得知刘邦是汉王，戚家闺女便马上更衣，跳起了折腰舞，陪刘邦欢饮，戚家闺女从此跟定了刘邦），就被民间称作是“老鼠嫁女”故事的原型。汉代幸福感的重要来源一大部分是对权贵的追求，通过婚嫁来攀附权贵实现自己的目的和体现某种价值，是多数人选择并向往的途径。这与印度的“老鼠嫁女”故事背后的劝诫之意大致相同。可见汉代和印度的社会政治风气及生活理念有共通之处，其中隐含的社会内涵是相似的。

三、节日习俗

老鼠是一种人类极其讨厌的动物，危害极大，不但偷吃粮食、毁坏农作物，还破坏生产生活用品、传播疾病等。那么在老鼠娶亲这一天，是不是大家要出来集中灭鼠呢？其实不然，相反，为了不打扰老鼠娶亲，很多地方都会在初三晚上早睡，还会把家猫扣起来，不让吃老鼠。

人们通常在老鼠出没的地方放上米、盐、糕点、花生等老鼠喜欢吃的食物，民间叫作“米妆”，也叫“老鼠分钱”；还会在墙角点上煤油灯，给老鼠照明，让娶亲的队伍平安通过。江南地区在这一天还会炒芝麻糖，相传是给老鼠的喜糖。在山西忻州，老鼠娶亲这一天搓高粱面鱼，用面捏一个“花轿”放在老鼠出没的地方，给老鼠出嫁用，有的则会拿一只小孩子的鞋子（图1-42）放在墙角，让老鼠娶亲时当花轿用。

图1-42　鞋子花轿（肖植冈绘）

这样看来，初三晚老鼠娶亲并不是一场残酷的人鼠大战，而是一出饱含关爱的“人鼠温情剧”。其实，这个看似有些荒诞的故事背后隐喻的是百姓希望通过“和平”（或是“讨好”老鼠）的方式送走老鼠，驱散鼠疫和鼠害，为来年讨个好彩头，真可谓煞费苦心。

四、节俗年画

老鼠娶亲的故事在民间流传甚广，呈现形式也很多。年画中的老鼠娶亲又会是什么样呢？山西新绛县年画《老鼠娶亲》（图1-43）中将老鼠新郎和老鼠新娘人物化，整个场景描绘了老鼠娶亲时的热闹场景，新郎骑着马开心地走在花轿前

图1-43
老鼠娶亲（印沁堂收藏）

面，两旁有仪仗队敲锣打鼓，画面的左下角有一只大花猫冲入其中将最前面的老鼠叼在嘴中，后面提着灯笼的老鼠掉头就跑，打鼓的老鼠更是吓得趴在地上，鼓都不要了，慌忙逃跑。

福建漳州年画《老鼠娶亲》（图1-44），构图分为上下两个部分，画面的上半部分在送亲队伍的前方有一只黄色的大花猫挡在队伍前面，它瞪着大眼睛，不怒自威。走在队伍前面的九只老鼠看着眼前的大花猫挡住了去路神情各异，明显慌了阵脚。离猫最近的一只老鼠已经吓得把头埋进土里，吹笛子的老鼠正掉头逃跑，在后面有两只老鼠，其中一只捧着鸡，另一只捧着鱼，赶忙弯着腰迎上来，想要贿赂大猫。虽然送亲队伍停下脚步，但是后面吹唢呐的两只老鼠尚未发现花猫，仍然在演奏。画面下半部分，老鼠新郎手拿折扇走在最前面，老鼠新娘坐在花轿里走在后面。队伍前面的老鼠扛着旗子和灯笼，上面写“状元及第”，也为画面增添了喜庆的元素。

山东平度年画《老鼠娶亲图》（图1-45）中画面左上角写着：“老鼠本姓强，家住在仓房，择空娶亲日，假拌（扮）装新郎。”画面以红、黄、绿三色为主色调。画中的老鼠新郎骑着马走在前面，后面的老鼠新娘坐着花轿走在后面，两旁穿着红、绿马甲的小老鼠敲锣打鼓。画中的老鼠夫妇的脸都画成了人形，远处山上是一只小黄老鼠，没有出现猫的形象。

中国国家图书馆收藏的一幅年画《全省鼠精娶妻图像》（图1-46），对老鼠新郎、新娘形象的设计和前面提到的山东平度《老鼠娶亲图》一样，不过云烟里的老鼠变成了一对，一红一蓝。更有意思的是，年画艺人在构图时，专门设计出几只花猫闯进老鼠迎亲队伍的情节，和迎亲队伍中的部分老鼠作“鸟兽散”，另有几只老鼠或淡定敲锣打鼓、或安之若素赶车的对比，增强了画面的戏剧性。

图1-44　老鼠娶亲

图1-45　老鼠娶亲图

图1-46　全省鼠精娶妻图像

图1-47　老鼠娶亲

湖南滩头地区的年画《老鼠娶亲》（图1-47），故事大同小异，同样分上下两个部分，下半部分有一只老鼠，拿着扇子骑着马，后面的老鼠抬着花轿，上半部分前面拿着鸡和鱼的老鼠已经遇上猫。据说这张年画曾经被鲁迅先生收藏过。

出自上海小校场的老鼠娶亲年画《新出改良西洋老鼠嫁亲女》（图1-48），也是热热闹闹的送亲队伍，旁边一只老花猫在看着。但这一幅年画融合了西洋元素，晚清时期西洋文化在上海一带兴盛，因此显得有些不同，鼠新娘并不是嫁给花猫，而是嫁给一个有“一等子爵”的人，这是西方国家爵位制度下的一种称谓，中间部分送亲队伍中“肃静、回避”是官府使用的举牌，与西洋子爵的迎亲队伍混合在一起，旁边的老猫落寞地趴在台上，只能眼睁睁地看着老鼠嫁女的队伍从自己面前大摇大摆地走过。

苏州桃花坞年画《无底洞老鼠嫁女》（图1-49），无底洞是《西游记》中金鼻白毛鼠精的洞穴，苏州桃花坞的艺人巧妙地将《西游记》的故事与老鼠娶亲的故事结合在一起，画面中送亲的队伍浩浩荡荡地往前走，在右上方有老鼠给黄猫

图1-48　新出改良西洋老鼠嫁亲女

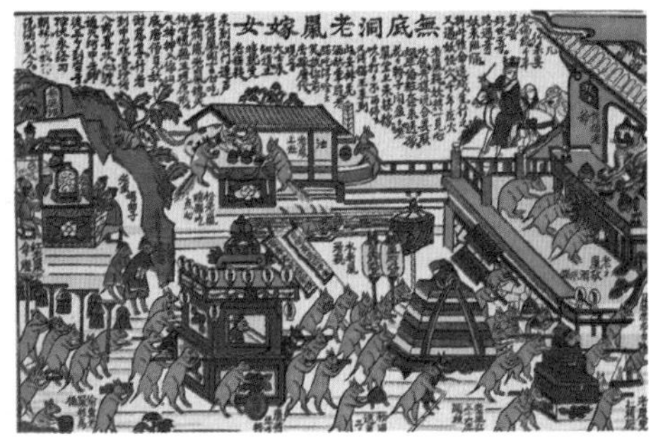

图1-49　无底洞老鼠嫁女

供奉，中间有“松老鼠陪猫吃点心”，画面的左侧还有“老虫唱曲子”等。在院墙外，还有取经的唐僧师徒正往无底洞方向走。同时还结合了苏州的园林景观，给了人们更大的想象空间。这幅糅合了众多元素的新式老鼠娶亲图让我们不得不佩服当时年画创作者的丰富想象力，足见苏州桃花坞年画享誉海内外并不是浪得虚名。

老鼠娶亲的故事家喻户晓，老百姓十分喜欢，产销量都很大，基于民间对此题材年画旺盛的需求，还衍生出一些同类型的年画，也大受欢迎。例如《猪八戒将娶媳妇》（图1-50），说的是高老庄八戒娶亲的故事。在画面的左上角写着“八戒生来无正经，高老庄上把亲成。轿夫吹手把亲取（娶），遇着大盛（圣）孙悟空”，浩浩荡荡的娶亲队伍，遇上飞来的孙悟空。

图1-50　猪八戒将娶媳妇（印沁堂收藏）

出自清代武强恒顺画店《蟒袍猴官》（图1-51），是一幅具有同样形制和讽刺意味的年画。画面上方写着“蟒袍纱帽执刀喝道近代官僚视此逼肖”。蟒袍是官员穿的服装，纱帽是官员戴的一种帽子，执刀代表着一种权力，逼肖即逼真的意思。画面中的猴子，个个动作嚣张跋扈，大有“一人得道，鸡犬升天”的意味，矛头直指人类社会官僚弊病。

老鼠娶亲的故事，在民间的传播非常广泛。除了年画形式以外，还有文字故事、曲艺、歌谣等遍布各地。同时，以老鼠送嫁为题材的年画、剪纸、窗花、刺绣、蜡染、泥塑等皆是传统吉祥图案的保留项目。

图1-51　蟒袍猴官

图1-52　老鼠娶亲窗花（肖植冈绘）

一般我们看到的窗花都是一张为一个故事，山西霍州的《老鼠娶亲窗花》（图1-52）就很有意思。它把老鼠娶亲的故事剪成多个小窗花，贴在窗户的玻璃上，窗框把窗花隔开，可以单独欣赏，同时整体上又能够形成一个完整的故事。

五、小结

本节提到很多关于老鼠娶亲的故事、年俗、年画，我们回过头来看，有一些问题是需要我们深入思考的，比如民俗活动当中的“类祭”——“祭鼠”行为，我们知道，有很多传统的民俗活动都源于祭祀，这其中有对神灵的祭祀，有对祖先的祭祀，当然也有对动物（图腾）的祭祀。祭祀是指以贡品的形式向神灵、祖先等祈祷的一种信仰活动，它源于天地和谐共生的信仰理念。“老鼠娶亲”中出现的洒“米妆”、放童鞋、点煤油灯这种“类祭”行为虽有别于出现在供品桌上的常规祭祀形式，但其目的还是希望通过讨好老鼠，收了供品，盼来年能与老鼠交好，减少鼠害，从而实现与老鼠和谐共处。

另外，有一种看似矛盾的心理，即人们痛恨老鼠，但又讨好老鼠。这种心理被一些年画用来反映当时糟糕的官民关系，嫁女一事被指向性地形容为苛税，极具讽刺意味。

再换个角度，中国的先贤们自古倡导人与自然和谐共处、天人合一的世界观，辩证地看，万事万物都有其两面性，老鼠再坏，人们避之不及，一年365天中，老鼠过街364天人人喊打，只留下一天对它好些，不做赶尽杀绝之事。天地自然讲究平衡，我们处于这世间的平衡中，不轻易破坏它，顺其自然，以达到某种程度上的人与自然的和谐，这其实也是一种传统的智慧。

第五节　元宵

一、节日简介

元宵节，别称天官节、上元节、小正月、春灯节、元夕，时间为每年正月十五。古人称“夜”为“宵”，元又有初始的意思，正月十五日是一年中第一个月圆之夜，故称之为“元宵节”。传统意义上的春节是从除夕那天开始，到正月十五才算结束，正月十五是春节的尾巴，过了十五，才算过完年。

二、节日由来

关于元宵节的由来，学界有几种不同的说法，加之民间传说版本的补充，元宵起源被注入了丰富而多元的传统节日文化。

1. 汉武帝祭祀说

《史记·乐书》记载：“汉家常以正月上辛祀太一甘泉，以昏夜祀，至明而终。”可见汉武帝时期，汉王室会在夜里祭祀一位叫“太一”的神明。太一也叫“太乙”“泰乙”“泰一”，据说，太一地位在五帝（黄帝、颛顼、帝喾、尧、舜）之上。“太一神”早在战国时期就被人们奉祀。汉武帝在位时，将祭祀活动的时间定在正月十五，后来逐渐演变成现在的元宵节。

2. 纪念“平吕”说

元宵节还与另一位汉代皇帝有关，传说元宵节是汉文帝为纪念平定“诸吕之乱”所设。汉高祖刘邦去世之后吕后的儿子刘盈登基。后来刘盈因其看到吕后对戚姬处人彘（吕太后发明的酷刑），大病一场，从此饮酒作乐，不久便去世了。在那之后吕后开始执政并独揽天下，为了巩固自己的权势，肆意杀人立威。朝中老臣、刘氏宗室对吕后的残暴行径深感愤慨，但都惧怕其权势敢怒不敢言。后来吕后病死，此时在朝的吕氏一党惴惴不安，害怕遭到报复，便密谋造反，想借机彻底取代刘氏江山。后来传到了刘氏宗室齐王刘襄耳中，刘襄为保住宗室江山，便与开国老臣设计解决了吕禄，“诸吕之乱”终于被彻底平定。

平定之后，在众臣的拥立下刘邦的第四个儿子刘恒登基继任，刘恒深知太平盛世来之不易，便把平定“诸吕之乱”的日子（正月十五）定为与民同乐的日子，在这天家家户户张灯结彩，以示庆贺。自此，正月十五便成了民间的节日——元宵节。

3. 三元说

南北朝时期南朝梁皇帝萧绎曾在《梁元帝旨要》中云：“上元为天官司赐福之辰；中元为地官赦罪之辰；下元为解厄之辰。”宋代张君房在择要辑录道教类书《大宋天宫宝藏》内容的《云笈七签》中云：“夫混沌分后，有天、地、水三元之气，后成人伦，长养万物。”由此可见三元又称作“三官大帝”（图1-53），分别是天官、地官和水官。而道书中《赤松子章历・卷二》（年代及作者不详）记载：三元日，正月十五日上元，七月十五日中元，十月十五日下元。右件，天地水三官检校之日，可修斋祈福。详细地描述了三官对应的日期。宋末元初吴自牧《梦粱录・卷一・元宵》中说：“正月十五日元夕节，乃上元天官赐福之辰。”元宵节是上元节在此时有了确切的记载。

图1-53　三官大帝
（日本早稻田大学收藏）

4. 民间传说

关于元宵来历的民间传说文史资料记载相对有限，在这里选择其中一个版本加以描述：相传在古代，凶禽猛兽很多，老百姓的生命安全受到很大的威胁，他们便组织起来一起驱逐猛兽。在驱逐的过程中，有人射死了一只落入凡间的神鸟。天帝知道后十分愤怒，便下令让天兵到人间放火，把人畜财产通通烧掉。天帝的女儿心地善良，于心不忍，便冒着危险来到人间，把消息告诉了人类。人们为躲过这次灾难，想到了以家家户户挂灯笼、放烟花的办法制造一种村庄燃烧的假象，人们因此躲过一劫。此后，每到元宵这天，家家户户就以张灯挂彩、放烟花来纪念这个日子。

民间传说版本的元宵来历更多象征了人们祈求生活无灾无难、神灵眷顾并赐予平安。欢庆之余人们更希望春节的美好时光能够延续，来年的生产生活也能够平安和顺遂。

三、节日习俗

中国幅员辽阔，历史悠久，全国各地的元宵节习俗也不尽相同，其中拜天官、赏花灯、青年男女相会、吃元宵等是元宵节几项重要的民间习俗。大部分地区的元宵习俗是差不多的，但各地还是有自己的特点。

1. 拜天官

相传，天官作为“三元”（上元、中元、下元）中上元节对应的神灵，会在上元节这天下凡校定人间罪福，称为“天官赐福”。天官就是“福禄寿”三星中的福星，天官喜乐，所以人们家家户户挂灯笼、放烟花，迎接天官。人们相信天官能够给自己带来福运，自古多有在家中供奉

图1-54 拜天官（肖植冈绘）

天官（图1-54）的习俗，家中供奉天官神位，须注意供奉于当天位，即能见到天的位置。广东地区传统建筑多供奉于厅前照壁。

另外，再说明一下中元和下元：中元节对应的是地官，地官赦罪，在农历七月十五（西方有一个类似节日叫复活节，这一类的节日在民间称之为“鬼节”。但是中元节的核心其实不是鬼怪，其文化核心是敬祖尽孝，这个时节农作物成熟，民间按例要祭祀祖先，用新米等祭供，向祖先报告收成）；下元节对应水官，时间在农历十月十五，这一天水官来到人间校戒罪福，为人消灾，所谓水官解厄。

2. 赏花灯

赏花灯（图1-55）的习俗相传始于东汉明帝时期，汉明帝听说佛教有正月十五僧人观佛舍利，点灯敬佛的做法，就下令这一天夜晚在皇宫和寺庙里点灯敬佛，令士族庶民都挂灯，也就形成了元宵赏灯的初始风俗。唐宋时期不只上元节有赏灯的习俗，七月十五中元节和十月十五下元节均有灯会，宋时上元节赏灯更是备受推崇，据孟元老《东京梦华录》记载，早在北宋立国之初就已经将上元节赏灯作为重要的节日庆典活动，被视为展现太平盛世、朝廷与民同乐的重要方式。

图1-55　赏花灯（肖植冈绘）

明代唐寅曾在《元宵》一诗中言：“有灯无月不娱人，有月无灯不算春。春到人间人似玉，灯烧月下月如银。”描述的就是元宵节必不可少的民俗活动——赏花灯。花灯，顾名思义辅以花卉等装饰的灯笼。花灯艺人们给花灯绘上花鸟及诗词以增添花灯的观赏趣味，也给尚未暖春的时节增添些春意。古人爱看戏，所以在花灯中出现了形形色色戏曲年画的题材。孩子在赏灯看画之余，大人们也会给孩子讲讲年画背后的故事，无形中起到了教化的作用。

花灯有静态的花灯，也有动态的花灯——走马灯（图1-56）。走马灯在古代称作蟠螭灯（秦汉）、仙音烛和转鹭灯（唐）、马骑灯（宋），是春节、元宵和中秋等传统节日的儿童玩具之一。走马灯旋转的原理可以在我们所知晓的空气动力学上找到答案——走马灯通过在灯内蜡烛燃烧的热气流带动顶部的轮轴转动，轮轴下方内灯壁上绘制的各种刀、马、武将身影便不断走动变换，故形象地称作“走马灯”。

图1-56　走马灯（魏睿澎绘）

3．猜灯谜

谜语，古称“隐语”“廋辞”。春秋时期左丘明《国语·晋语》记载：“有秦客廋辞于朝，大夫莫之能对也。”这里的“廋辞”就是现代谜语的雏形。南宋周密更是直接在《齐东野语》中指出“廋辞”含义：“古之所谓廋辞，即今之隐语，而俗所谓谜。”南北朝的刘勰在《文心雕龙·谐隐》中说：“自魏代以来，颇非俳优，而君之嘲隐，化为谜语。谜也者，回互其辞，使昏迷也。或体目文字，或图像物品，纤巧以弄思，浅察以炫辞。义欲婉而正，辞欲隐而显。”他对谜语从理论上作了高度的概括，对谜语发展的历史、谜语的定义及其特征作了更加详细的解释。

猜谜语一开始流行于口头说猜，据《武林记事·灯品》中记载：“以绢灯剪写诗词，时寓讥笑，及画人物，藏头隐语，及旧京诨语，戏弄行人。”南宋时期，有些文人彰显才学，经常在元宵花灯之夜，把谜条贴在纱灯上，借此吸引过往行人，便有了“灯谜”（图1-57）的说法。

图1-57　灯谜（蔡彬文绘）

4. 青年男女相会

元宵节还是一个浪漫的节日。宋代文学家欧阳修在《生查子·元夕》中写道："去年元夜时，花市灯如昼。月上柳梢头，人约黄昏后。"这里描绘的就是元宵节青年男女相会的场景——明月皎洁，垂柳依依，诗人将男女相会的场景描述得极具诗情画意。古代未婚女子平时晚上出门的机会极少，元宵节是一年中少有的能出门的日子，在元宵节的节日气氛烘托下，青年男女通过赏花灯、猜灯谜（图1-58）等娱乐活动可相互结识，甚至共叙情缘。所以元宵节也被称为中国传统的情人节（其他两个为上巳节和七夕节）之一。

图1-58　男女相会（肖植冈绘）

5. 吃元宵

在元宵节这一天要吃一种叫"元宵"的食物，"元宵"最早叫作"浮元子"，生意人还美其名曰"元宝"，寓意团团圆圆。元宵里头包的馅多为芝麻、白糖、豆沙、花生之类的甜味食材，寓意甜美。我国南北方元宵的差异主要体现在做法及名称上。北方称为元宵，南方称汤圆。虽说名称不一，但其中包含的美满寓意是相似的。

6. 走百病

在古代元宵期间民间还流行一种妇女"走百病"的习俗（有的在正月十五，有的在正月十六），妇女们相约一起，或走墙边，或过桥，或走郊外（江苏地区称为"走三桥"）。据说每年走一走，妇女们就可以青春常在、永不衰老。在经历了一个冬天的寒冷，大地刚刚回暖之际，到户外走走，呼吸新鲜的空气，其本意其实也是游园踏青，这体现出古代社会对妇女群体的特殊关爱和人类顺应自然变化的朴素认知。

7. 摸钉

“走百病”的妇女们若路过城门，还要上前摸一摸城门上的大铁钉，谓之“摸钉”（图1-59），“钉”与“丁”（人丁）同音，“摸钉”也是祈求家庭人丁兴旺。

图1-59 摸钉（魏睿澎绘）

8. 拜紫姑

紫姑在民间被奉为“厕神”，属家宅六神（门神、灶神、土地神、户神、井神、厕神）之一，也是家宅六神中唯一的一位女神灵。旧俗每年元宵在厕所祀之，拜紫姑（图1-60）的习俗是不让男人参与的，此祀神活动今已难觅。

图1-60 拜紫姑（魏睿澎绘）

四、节俗年画

作为春节后的第一个大型传统节日，元宵节既延续着春节的热闹气氛，又因其丰富的节俗文化内涵表现出异常活跃的民间活动景象，这些都被记录在传统年画的历史中。

清代天津杨柳青的年画《庆赏元宵》（图1–61），描绘的就是元宵节这天北方一大户人家在院子里闹元宵的场景。年画以儿童为主线，每个儿童的表情都栩栩如生，姿态各异。画面中人物有的敲锣打鼓，有的吹奏乐器。左下方妇女牵着的孩子手里举着一个大鱼灯，正跃跃欲试地往热闹的人群中走；右边的孩子在回廊内玩骰子灯，房间里抱娃的女人探出头瞧着。“年俗文化九州同，正月十五闹花灯”，一个“闹”字，体现出元宵节日里的一派喜庆祥和。

图1–61　庆赏元宵

天津杨柳青年画《庆赏元宵》（图1–62）描绘的是室内的场景，画中灯笼下的桌子上摆放着玉如意，门外的小孩子和桌子旁的小孩子手持蝴蝶灯和兔灯嬉戏玩耍，里屋则是三个妇女围坐在一起，整幅画描绘了元宵夜晚家庭融洽的氛围。

清嘉庆天津杨柳青年画《暖香坞雅制春灯谜》（图1–63）则将元宵猜灯谜的故事演绎到了极致。这一幅年画取材于小说《红楼梦》第五十回《暖香坞雅制春

图1-62　庆赏元宵（日本早稻田大学收藏）

灯谜》一节，年画中共有一男八女，举止娴雅，形态各异，整个空间陈设围绕灯谜展开，灯笼、墙面、柱体、屏风无一处没有灯谜。

图1-63　暖香坞雅制春灯谜（中国美术馆收藏）

再来看画面左侧。小桌上的灯笼上写着：“三人同日去观花，百友元来是一家。禾火二人相对坐，夕阳桥下一双瓜。（打四字）”（谜底：春夏秋冬）

元宵这一天，民间很多地区也有舞龙的庆祝活动，上海小校场年画《百子图龙灯胜会》《百子图状元及第》（图1-64、图1-65）即描绘了元宵舞龙灯胜景。该画两两相对，与门神画相似，但从内容上看显然不是贴在门上的门神，而更像是宋代以前历代的婴戏画。画面内容丰富、人物繁杂，局部细节的描绘有着鲜明的近代特点。两幅画采用垂直画面，结合仰视和俯视巧妙的构图法表现儿童舞龙灯的欢乐景象，场面宏大。画面中有舞龙的，有提着花灯玩耍的，有荡秋千的，形态各异的场景使喜庆热闹的节日气氛溢于画外。上海小校场年画形成时间虽相较于其他年画出产较晚，但由于其起点较高（早期年画艺人多来自姑苏地区），加上受晚清民国时期上海海派文化的影响，体现出技巧圆熟且鲜明的城市新文化特色。

图1-64　百子图龙灯胜会

图1-65　百子图状元及第

传统元宵年画除了闹元宵、猜灯谜等题材外，还少不了人们钟爱的“天官”。河南朱仙镇年画《天官赐福》（图1-66），“天官”手持赐福卷轴，“福”字占据了大部分画面，两旁有抱瓶童子，瓶子里插着四季花卉，象征着四季平安，前有聚宝盆装铜钱、佛手、石榴、柿子（象征万事如意）等。画面色彩浓烈、喜庆，构图饱满，一派喜气祥和的景象。

图1-66　天官赐福（印沁堂收藏）

“天官”的形象有时还运用于门画中，陕西凤翔这一对天官门神（图1-67），右边“天官”

持长卷写着“天官赐福”，左边天官持长卷写“吉祥如意”。“天官”两两相望，赐福如意。

图1-67　天官赐福（陕西省艺术馆藏）

五、小结

“天官赐福”是古人相信善恶有报伦理观念的世俗化意识呈现，“赐福”所包含的行事哲理其实是教人行善——从这个意义上讲，“天官”就是人类自身，拜官亦是求己。在步入新一年的这个时间段，人们希望把节日的美好延续得更远，而这份美好，有时又如同灯谜一样，有待人们在生活中去发现和创造。民俗是民意的表征，本源的目的，实际是推动传统纲常道德和人伦教化。

第六节 填仓

一、节日简介

填仓节别名“添仓节”“天仓节”“天穿节”。填仓节有两个不同的时间，一个是正月二十，为“小填仓”；一个是正月二十五，为“大（老）填仓”。相传正月二十五是仓王爷的诞辰，同时也是中国民间一个象征五谷丰登的节日。

二、节日由来

关于填仓节的民间说法不一，这里主要介绍比较流行的三种：星宿崇拜说、女娲补天说、官吏放粮说。

1. 星宿崇拜说

填仓，又叫作“天仓”，天仓从星象上来看是白虎七宿之“胃宿”，也就是“胃土雉”。据《史记·天官书》载：“胃为天仓。”可见“胃”星宿就是天仓。关于天仓的位置在《晋书·天文志》中有明确的记载：“天仓六星，在娄南，谷所藏也。”意思就是天仓六星在“娄宿”之南，是谷物储存的地方。在秋季这个时期，很多粮食和果实都已经成熟。而根据白虎七宿的排列顺序，秋季的三个月份对应着第六、第四和第二宿，说明白虎和秋季有密切的联系。白虎之胃被称为“天仓”，是存储秋季成熟的谷物的场所。因此“填仓节”也叫作“天仓节”，意味着人

们要将仓库填满谷物。但这只是一种表象，因为天仓本身就是一个胃，所以填仓节最主要的习俗是“填粮仓”和“填胃”，也就是在这个时期享用丰盛的美食。

2. 女娲补天说

在神话故事《女娲补天》中，水神共工氏和火神祝融氏曾在不周山一战，共工氏惨败后发怒撞击不周山，导致天崩地裂、洪水倾泻，猛兽和巨鹰横行，百姓流离失所。此时，被誉为人类始祖的女娲氏采集五色石，日夜冶炼，历经七七四十九天，终于在正月二十这一天修复了破裂的天空。女娲氏还斩断巨龟四肢，用其支撑天地四方，并平息洪水、驱逐猛兽，让百姓安居乐业。后人为了纪念女娲，将正月二十定为“天穿节”。

3. 官吏放粮说

据《景县民俗文化集萃》记载关于填仓节的来历，在景县的南半部流传着这样一个传说：很久以前，北方遇到连年大旱，颗粒无收，百姓民不聊生。但是，当时的官府不顾天灾，仍然要强征粮税，百姓叫苦不堪、饿殍遍野。看守粮仓的仓官于心不忍便开仓放粮救济灾民。仓官很清楚自己的行为触犯了王法，上面一旦追究下来，难免祸及地方百姓，为了不连累百姓，他让百姓把粮食运走之后就用火把粮仓烧了，自己也走进火海之中被活活烧死，这一天是正月二十五日。后人为了纪念这位仓官，每年的这个时候都会祭拜他，借此表达对仓官的感恩和怀念，同时也期望新的一年有好收成。自此之后填仓节的习俗就世代流传下来。

三、节日习俗

填仓节作为与农业生产息息相关的一个传统节日，古老的民间习俗自然都是以农事生产和粮食丰歉为主题。山西《大同志》记载：“二十日，为‘小添仓’；二十五日，为‘大添仓’，添买米面、柴炭等物。”《介休县志》说：“二十五日，为大天仓。造作面人如仓神状，燃灯于首更。造面鸡，置于内外房屋及碾磨、井灶之处，盖取衣食不穷之意。”又如河北《固安县志》记载：“正月二十五日，俗以为‘仓官诞辰’，用柴灰摊院落中为囤形，或方或圆，中置爆竹以震之，谓之‘涨囤’，又谓之‘填仓’。”由此可见民间传统填仓节习俗丰富多样，常见如打囤、点灯祀神、灯瓜瓜、找填仓虫、填胃仓、莜面窝窝、高粱米饭、补天穿、摊煎饼等，各地不一而足。

1. 打囤

在冀州、桃城、阜城、武邑等地区，太阳升起之前，每家每户都会提早把灶膛下的草木灰掏出来，用簸箕装好，在院子里画囤（囤，即过去农村老百姓用以存放粮食的一种容器）。画囤的具体做法是：一手持盛有草木灰的簸箕，另一只手用木棒敲打使其洒漏，边走边敲在地上画出仓囤，然后撒些谷子、豆子、麦粒、高粱粒或玉米粒等粮食在仓囤，祈求今年五谷丰登，称之为“打囤”（图1–68）、“填仓”；然后用一块砖将粮食压住，称为“压仓”；仓外边还常有画梯子，寓意粮食丰收，收粮后仓囤需要用梯子才能爬上。部分地区在“填仓”时还要放鞭炮，在圈内爆响，希望粮食“爆满粮仓”。

图1–68　打囤（肖植冈绘）

为什么要用草木灰来打囤呢？在民间，草木灰是很好的肥料，常用来当作基肥使用。用草木灰打囤，寓意着草木灰能够很好地滋润种粮的土地，来年能够大丰收。同时将草木灰撒在土地里，草木灰能抑制部分病虫害，减少病虫害对农作物的危害。

2. 点灯祀神

北方民间在填仓节这天有点灯祀仓神（图1–69）的习俗，俗话说“点遍灯，烧遍香，家家粮食填满仓”。在这一天凡是跟饮食有关的场所都会点上灯。如厨房、餐厅、粮食仓库等。点灯的习俗源于古老民间对火的崇拜（因为有了火，人类才吃上了熟食，火在人类文明发展史上起到了不可或缺的作用）。火为人们带

图1-69　点灯祀仓神（魏睿澎绘）

来光明，同时又象征圣洁和兴旺，可以驱邪消灾。山西平遥的居民还会在填仓节的夜晚点灯烧香供奉“天仓官”，并大声喊“天仓爷填仓来，粮食元宝填到咱家来”“黑小子，赶车来，元宝粮食赶到俺家来”，意在祈祷生活富裕、五谷丰登。

3. 灯瓜瓜

山西的填仓节文化丰富多样，在孝义有一种特殊的“灯瓜瓜”灯俗，制作灯的材料是黍米面。灯瓜瓜分为上下两个部分，上半部分为灯，一般是四角形的，四边有沿儿，中间凹进去，中心插一根谷穗灯芯儿，灌入麻油；下半部分则捏一个动物的造型，类似于灯座（图1-70）。在山西吕梁地区会按家庭人数及个人生肖属相用面捏出相应的本命属相动物造型灯，然后再捏“仓官老爷”、一只鸡、两条狗、一条鱼等。到了晚上，将这些面灯注油点燃，本命灯放在家里的炕上，“狗”放在大门口，“鸡”放在院中，“鱼”放在水缸上，“驴”放在畜圈里，“仓官老爷”则挂在天窗上。放面灯时，口中还要高呼相应的吉利话，如“仓官老爷送粮来”“鸡娃鸡娃多下蛋”等。灯瓜瓜点灯用完之后是可以吃的，第二天用油炸或是回笼蒸，即可食用。

图1-70　灯瓜瓜（魏睿澎绘）

4. 找填仓虫

图1-71 找填仓虫（冯颖欣绘）

在山西晋北地区，在填仓节这天夜里人们会打着灯笼在院内找填仓虫（图1-71），即各种苏醒的虫蚁，如蚂蚁、蝼蛄、蚰蜒、马陆、蜈蚣、椿象、蛴螬、蟋蟀、蝗虫、螳螂、瓢虫等，找到的“填仓虫”越多，表明今年收成兆头越好。

5. 填胃仓

图1-72 莜面窝窝

胃是人体消化的器官，在《素问·灵兰秘典论》中有：“脾胃者，仓廪之官。”这句话的意思是脾和胃掌管着饮食消化，是仓廪之官。为了犒劳胃，民间便将“填胃仓”变成后来“添仓”习俗之一。在晋北地区，有一种叫作莜面窝窝（图1-72）的食物，当地叫作莜面栲栳栳。栲是一种树的名字，用栲编织的容器像“笆斗”，笆斗也叫栳栳，故名“栲栳栳”。山西流传着这样一句话：“三十里的莜面，四十里的糕，二十里的面条饿断腰。”说的就是莜面耐饿的特点。栲栳栳形似谷仓，用荞面作丸，置莜面窝中空处，是谓“填仓”。人们在这一天食用莜面栲栳栳也有填胃仓的意思。

6. 高粱米饭

在东北满族的农村，填仓节时家家户户都会煮黏高粱米饭，放在仓库，然后用秫（高粱）秸编织一匹小马插在饭盆上，意在希望马往家驮粮食，丰衣足食。也有的人家用秫秸做两把锄头（或用高粱秸做两把锄头）插在饭上，第二天再加新饭，连着加三回，意在希望辛勤耕作能有好的收成。

7. 补天穿

晋人王嘉的《拾遗记》中记载："江东俗号正月二十日为天穿日，以红线系煎饼置屋上，谓之补天穿。"为了纪念女娲补天，人们在正月二十这天吃煎饼或者烙饼，还会用红色丝线系上烙饼投在屋顶上，俗称"补天穿"。甘肃嘉峪关的一处魏晋时期的墓室壁画里，就出现了摊煎饼的画面（图1-73），可见吃煎饼"补天穿"的习俗由来已久。明杨慎的《词品》和清俞樾的《茶香室丛钞》也都有关于"补天穿"的记载。

广东客家地区流传着这样一种说法：过完"天穿"才算过完年。在"天穿日"这天，当地有"煎饼""甜粄扎针""补天穿""天穿射箭"等习俗，"天穿日"早上，家里的老人、妇女会早早起来煎甜粄，将煎好的甜粄拿到房屋里有裂缝或者有钉眼的地方抹上一点，祈求新的一年风调雨顺、圆圆满满。除了用煎甜粄"补天穿"外，还有一些地方会在甜粄或者煎丸上插针线，这同样也是"补天穿"。虽然在甜粄或煎丸上插针线的习俗已基本消失，但"天穿日"吃甜粄、煎丸的习俗仍旧留存于当下。

图1-73　摊煎饼

广东惠州"补天穿"的民俗活动主要有三，一是在门上挂蒜（惠州民间有民谚云："补天穿，补地裂，补是非，补口舌。"又云："正月二十挂门蒜，早食早透早闩门，无好畀盲婆摸室团。"这句话的大意是：正月二十在门上挂蒜，早点吃饭早点休息早关门，不要被盲婆摸屁股）；二是熬茶和烧香；三是用"树铺板"祭祀天地诸神，然后分给家里的人吃，邻里之间也会相互赠送。"树铺板"做法并不复杂，一般人家都能自制，用惠州话来说就是"打板头"。和北方的烙薄饼类似，"树铺板"以薄饼卷馅而成，形似于卷带的树铺（因此也有人叫"树铺卷"），故而得名。

四、节俗年画

"仓神"作为主管粮食的神仙，在年画中经常出现。清代年画《仓官进门》

图1-74　仓官进门（御生堂收藏）

（图1-74）中仓官骑马，穿着大红官袍，手里抱着一个孩子，身边带着四个随从。画中左右两边文字写道："仓满米粟库盈金银""子孙万代永久不贪世辈享荣。"中间写道："仓官进门，富贵无穷，子孙兴旺，福禄来临。"意为仓官进门带来了金银米粟，子孙兴旺，福禄来临。画面左边有两个囤，一囤装的是金银财宝，另一囤贴着黄金万两。后面一侍从推着一车金元宝，走在仓官前面的人敲锣开道，背上一旗写着"清道"，后面也有一个侍从背一旗子，上写"飞虎"。

清代陕西凤翔年画《仓神宫》（图1-75）中"仓神"为白面，三撮黑长须，身穿合欢纹饰红袍，头戴官帽。两旁对联写着："年年取不尽，月月用有余。"左右两童子手端金斗和账簿。上额题"仓神宫"。关中西部民间传说仓神其实就是老鼠，相传唐太宗时期，南蛮王派使者进贡了两支大蜡烛，使者在招待宴会上当众点燃了这两支蜡烛，正当在场官员观赏时，忽然钻出了一群大老鼠咬蜡烛，怎么赶都赶不走。后来有官员发现被老鼠咬过的地方有黄色的粉末，经辨认是炸药，大家这时才反应过来是老鼠救了自己，之后唐太宗便封老鼠为"仓王"。民间也有说法，"仓王"是老鼠王，专管老鼠，人们祭拜"仓神"就是希望通过"仓神"管理老鼠，减少粮食损失。

民间纸马（甲马、神马）作为传统年画的一个特殊分支，主要用于各类民间祭祀场景和传统巫术、道场活动中。河北内丘的年画《仓官》（图1-76）用法是张贴于仓房或粮囤上，点烛敬香，供一盘面馍。自春节前请神起一直供奉至正月十七。正月二十五为"仓官"生日，要早起焚香祭

图1-75　仓神宫（印沁堂收藏）

图1-76　仓官（印沁堂收藏）

祀“仓官”。正月二十五前不开仓，粮食不出仓，二十五过后才开仓取粮、卖粮。

北京纸马《仓库之神》（图1-77）中的“仓神”端坐正中，在纸上记录仓库的情况。前面有两位“神官”手捧奏文，等待“仓神”审批，在其身后还有分别掌管“天仓”和“地库”的神仙，可见“仓神”不单单掌管粮仓，还掌管着世间的仓库。

图1-77　仓库之神（日本早稻田大学收藏）

河北内丘的纸马仓神中的形象种类较为丰富，如民国时期的纸马《仓官》（图1-78）头戴官帽，面留长须，手持标尺，下方有两个人物，形象地构成劳动的场景，这里的“仓”字为近形造字。仓王（图1-79）是仓官神的变异，比仓官职位要高。画面中的仓王头戴官帽，留须的侧面人物形象，衣服上有“粮”字的标志，寓意仓王掌管粮食。

图1-78　仓官

五、小结

填仓以使仓常满——百姓在春耕尚未启动时即以类似庆祝丰收的方式虚构收成景象，这是古人祈祷丰收的民俗活动中较少出现的特例，却也深刻反映出古时人们对于自然灾害的抵御能力低下，只能祈求获得“神灵”的帮助，并借由节俗活动完成对自身心理的暗示。从一个历史现象的侧面观察，传统民俗活动也真实地反映出传统农业社会的基本特点。

图1-79　仓王

第七节　二月二

一、节日简介

中国民间将农历二月初二这一天称为“龙头节”，又名“春耕节”“春龙节”“农事节”，“春龙”出现预示新一年的耕种劳作即将开始。从节气看，农历二月初刚好在“雨水”“惊蛰”和“春分”之间，早春时节正是耕种农事活动的时候，这个时令的雨水关系到一年收成的丰歉，民谚说“春雨贵如油”正是这个意思。在中国民间与龙相关的节日有很多，比如元宵的舞龙灯、端午节赛龙舟等。民间传说里作为掌管云雨的龙在蛰伏一冬之后，会在“二月二”这一天醒来，腾云驾雾遨游九天，兴风布雨降下甘霖滋养世间良田。人们为求丰收只得祈祷龙神的保护，民歌唱道“龙不抬头不下雨”，而龙抬头正是龙神兴云布雨的征兆。相传二月初二这一天也是土地神的诞辰，南方多地会在这一天举办隆重的庆祝活动。

二、节日由来

（一）龙抬头由来

龙，是中华民族最经典的图腾象征。龙在古代主要寓意王者和皇权，被很多神话故事塑造为呼风唤雨、翻江倒海、威风凛凛的神圣之物。如《山海经》中所说的应龙，据说应龙施雨之时，可以调动天之元气孕育万物。早在六千多年前的仰韶文化中就发现了龙鱼陶纹。一般认为，龙的形象除蛇之外还综合了鱼、鹿、鸟等动物。

1. 星宿崇拜

“龙抬头”说法来源于古人对星象（图1-80）的崇拜——古人通过观测星象，把空中可见的星星分成二十八组（也称二十八星宿）。二十八星宿中的角、亢、氐、房、心、尾、箕七星宿一起组成一个完整的龙形星宿，其中角宿恰似苍龙的角。人们在长期的观察中发现苍龙星宿的运行轨迹跟农事耕作周期是对应的：苍龙星宿春天升起，秋天落下，对应到农耕的规律就是春天播种秋天丰收。

“龙”的象形字（图1-81），就很好地表现了苍龙星宿的特征，龙角、龙咽喉、龙爪、龙尾都完整地体现在了文字中。

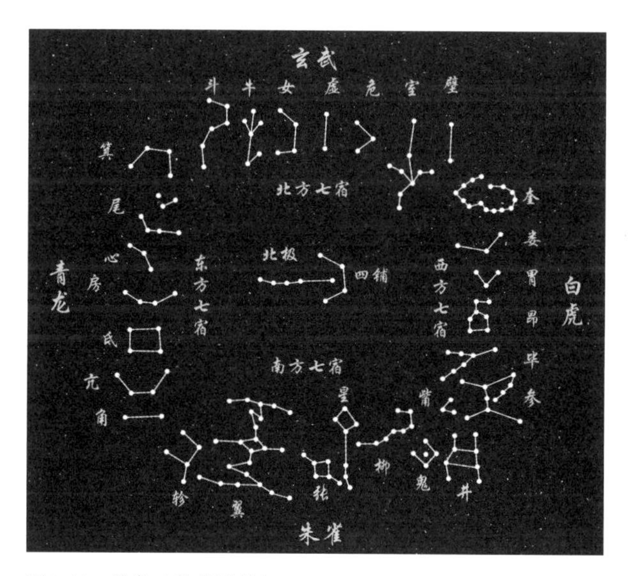

图1-80　星象（魏睿澎绘）

图1-81　“龙”的象形字

2. 金豆开花

民间传说有云：古时大旱三年，百姓颗粒无收，遂祭拜龙王求雨。龙王不忍看着百姓受灾，在尚未收到降雨命令之前就违反天规私自降雨。玉帝知道之后愤怒不已，把龙王压在山下千年赎罪，还留下一句“龙王降雨犯天规，当受人间千秋罪。要想重登灵霄阁，除非金豆开花时”。人们为了报答龙王的恩情便四处寻找会开花的金豆，找来找去都没能找到，后来在二月初二这一天人们翻晒玉米种子时便想起玉米的形状很像金豆，通过爆炒便能使金豆开花，于是家家户户便炒金豆设案焚香祷告，希望玉帝能够免罪于龙王，龙王因此得救。这就是龙抬头的民间传说。

（二）二月二土地诞

相传二月初二还是土地神的诞辰，称“土地诞”。土地神属家宅六神（一般指门神、灶神、土地神、户神、井神、厕神）之一，民间习惯称其为土地爷、土地公。与城隍神一样，土地神是中国民间普遍信奉的主管地方事务的保护神。虽然土地爷备受人们喜爱，但他在众神中的地位级别相对较低，故专司祭拜土地神位的土地庙一般会被安置于村口路边或树下空地。土地庙大多小而简陋，有时甚至以两块石头为壁、一块为顶就可以算是土地庙，也就是人们常说的“磊”形土地庙（图1-82）。土地神多为慈眉善目的老年人形象，给人一种自然亲和的感觉，加上土地爷经常为百姓做实事，人们并不会因为他地位低而小看他，反而觉得他比其他神明更加亲近。

民间敬奉土地神的习俗由来已久，据考究应源于土地崇拜。土地神最开始的地位其实并不低，古代帝王与民间共同敬奉的社神其原型就是土地神。一些由皇家和地方官绅参与创建的土地庙规模庞大，如北京城的地坛其原型实际就是社神（即土地神），广东潮汕地区“老爷庙”里的地主老爷也有土地神的原意。在清翟灏《通俗编·神鬼》中就有记载：“今凡社神，俱呼土地。”汉族人群居住的地区绝大多数都能看到供奉土地神的现象，而且土地神的类别也异常多样化。清人赵懿在《名山县志》中写道：“土地神不一，有多种名目。”古人依靠土地，崇拜土地，认为土地上处处有神。于是乎，有青苗土地、桥头土地、栏头土地、灶头土地、田头土地、山神土地、花园土地……名

图1-82　“磊”形土地庙（肖植冈绘）

目繁多的土地神无所不在，说明在清代有庙神、青苗、花园土地等类似不同土地神形象的描述。清人姚福钧《铸鼎余闻》粗略考稽，汉时曹参、萧何，南朝梁人沈约，唐人韩愈、张旭、薛稷，宋人岳飞、鲜于侁等历史人物也都曾被奉为不同地方的土地神，而且除了以上名仕先贤外，还有小贩仆从成为土地神的。由此可见，只要有恩德于民或有善举于世，都可以被百姓作为土地神供奉。

三、节日习俗

关于二月二龙抬头习俗的最早记载可见于东汉文字学家许慎在《说文解字》中的解释："龙：鳞虫之长，能幽能明，能细能巨，能长能短，春分登天，秋分而潜渊……"明沈榜的《宛署杂记》记载了民间"引龙"的习俗："都人呼二月二日为'龙抬头'，乡民用灰自门外蜿蜒布入宅厨，旋绕水缸，呼为'引龙回'"；刘侗《帝京景物略》："二月二日，龙抬头，煎元旦祭余饼，熏床炕，曰'熏虫儿'；谓引龙，虫不出也。"可见古人早已将对天地和自然的朴素认知及信仰深刻地融入到以祭祀和庆祝活动为表象的传统习俗中，如祭龙神、放龙灯、敲龙头、引钱龙、剃龙头、开笔礼、拜土地等。

1. 祭龙神

在北方民间流传一句这样的谚语："二月二龙抬头，大仓满小仓流，五谷丰民无忧。"北方内陆地区干旱，春种前一定要等下一场春雨的，春种前不下雨，种子下地很难发芽，耕作的收成也不会好。所以在龙抬头这天百姓会到龙王庙求雨，祈求这一年风调雨顺。但由于南北地域气候的差异，在南方或一些沿海地区，拜龙王（图1-83）就未必是求雨而是祈求抵抗洪涝灾害之意。

图1-83 拜龙王（肖植冈绘）

2. 放龙灯

在黄河流域地区还有一个非常古老的习俗——"放龙灯"（图1-84）。当地的人们用秸秆或芦苇制成小船，在上面放上用萝卜挖的小油碗，傍晚时将小船放到河里点燃为龙照路。古时条件落后，百姓对于自然灾害尚缺少应对办法，便希望借由放龙灯的这类祭祀行为祈求龙神保佑，免受灾害。

图1-84　放龙灯（魏睿澎绘）

3. 敲龙头

龙抬头这天处惊蛰前后，冬眠的虫蚁开始复苏活动。东北地区民间百姓会在二月初二早晨以长杆击打房梁，谓之"敲龙头"（图1-85），寓意把龙唤醒，让龙把虫子赶走，保佑一家人平安。该节俗活动形象反映出人们祈求龙镇百虫的避害心理。

图1-85　敲龙头（魏睿澎绘）

4. 引钱龙

二月初二民间还盛行"引钱龙"（也叫司钱龙）的习俗。明人沈榜《宛署杂记》言："宛人呼二月二日为龙抬头。乡民用灰自门外委蜿布入宅厨，旋绕水缸，呼为'引龙回'。"讲的是民间在龙抬头这天人们用灶灰撒出一条弯弯曲曲像龙蛇样的灰线，从大门外一直撒到厨房，到厨房之后再绕水缸一圈，借此招引福气祥瑞，此为引钱龙，亦称作引龙回，意即引回带来钱财的龙。部分地区还将铜钱与引龙活动相联系，如清道光十年（1830）《大同县志》里记载：所谓引钱龙，就是二月初二太阳还未升起时，家家户户手提茶壶，在茶壶内放几枚铜钱，到井边或河边去汲水，汲水以后边走边倾洒出一条水迹回到家中，将剩下的水与钱全部倒入水缸，钱龙就引回家了。如果有小鱼跟着回来了，同样也是龙被引回来了，意为这一年能发财。

5. 剃龙头

在古代，“剃头”多是小孩子的事。据段玉裁注《说文解字》：“大人曰髡，谓有罪者。小儿曰鬀（剃）。”可见大人的头发是不能随便剃的。大人剃发是一种很重的刑罚，司马迁《报任安书》中说：“太上，不辱先，其次不辱身，其次不辱理色，其次不辱辞令，其次诎体受辱，其次易服受辱，其次关木索、被捶楚受辱，其次剔毛发、婴金铁受辱，其次毁肌肤、断肢体受辱，最下腐刑极矣！”文中在谈到什么刑罚最让人受辱时描述打板子的笞刑比不上“剔毛发”的屈辱等级。

在现代社会，成年人剃头已非禁忌，但二月二剃头的传统特殊性并未完全消失。当然，“剃龙头”主要是指给孩子理发。二月二剃头，取“龙抬头”的吉意，也是长辈们希望扶助幼儿茁壮成长，期盼孩子们长大以后都有出息。

6. 争鳌头（开笔礼、破蒙）

开笔礼，是古代读书人人生四大礼之一，俗称破蒙。古时幼童在正式读书前会行四礼，即开笔礼、进阶礼、感恩礼和状元礼，而开笔礼则是读书人的第一次大礼。学童会在开学第一天到学堂，由老师用朱砂开智（图1-86），讲授人生最基本的道理并教读书写字，然后参拜完孔子才可以入学读书。还有另外一种说法认为二月二的很多习俗都与龙相关，这天入学便也有“望子成龙”之意。旧时的开笔礼类似现在学校举行的开学典礼。

图1-86　朱砂开智（肖植冈绘）

7. 祭土地

祭土地又称“祭社”“做牙”。在南方，如在浙江、福建、广东、广西等地，二月初二这一天多流行过土地诞，《集说诠真》记载：“今之土地祠，几遍城乡镇市，其中塑像，或如鹤发鸡皮之老叟，或如苍髯赤面之武夫……但俱称土地公公。或祈年丰，或祷时雨，供香炷，焚楮帛，纷纷膜拜，必敬必诚。”可见土地爷在民间受欢迎的程度，有些地方还会在这天举办“土地会”，家家户户准备供品到土地庙烧香祭祀。

广东的中山地区在二月初二这一天有“抢花炮”（图1–87）的习俗。据《中山市志》记载：“解放前，中山农村许多地区在这天公祭街头路边的神社，祈求风调雨顺。入夜焚烧用禾秆束制成的巨大花炮（土地诞前制好），其中带有两个小炮，称‘猪仔炮’，相传拾获者有添丁的征兆。”

图1–87　抢花炮（肖植冈绘）

四、节俗年画

苍龙星宿对应着农耕周期，二月二龙抬头是一个农耕周期的开始。清代山东杨家埠北公义画店年画《二月二龙抬头》（图1–88）描绘了皇帝带领群臣扶犁春耕的场景。画面左下角有一个吏卒模样的人牵着黄牛拉着犁。在犁后的皇帝身着黄袍，右手扶犁，左手执鞭，俯身躬耕，俨然是一位在行的农家犁地把式。后面的一个文官模样的人举着伞盖，文武百官恭立两旁。更为生活化的是，左上角皇后坐着太监推的辇车，带着人挑着饭，给正在犁地的万岁爷往田里送饭。画上的题词应是：“二月二，龙抬头，万岁皇爷使金牛，正宫娘娘来送饭，保佑黎民天下收。”此年画表达了百姓心目中国泰民安的欢乐景象，凸显了皇帝与民同乐、其乐融融的和谐主题。

陕西凤翔的《井神》（图1–89）纸马画中井神红发、红须、黑袍、绿脸。两旁

图1–88　二月二龙抬头（印沁堂收藏）

图1–89　井神（印沁堂收藏）

侍者各手持戟（“戟”谐音“吉”），画像贴于井台上神位，祭祀时有祭歌：“天皇皇，地皇皇，一家老小敬龙王。龙王爷，本姓净，你把水儿来管清。”关中地区井深，吃水不易，民间祭祀井神，求龙王赐干净水。

在年画中也有很多关于“引钱龙”的世俗画，山东杨家埠年画《钱龙聚处》（图1–90）摇钱树上盘了两条龙——一条龙为铜钱身的钱龙，一童子坐在钱龙头上，手持“一本万利”条幅；另一条口衔“周元通宝”铜钱的金龙从金钱树上爬下，口吐金钱到地上的聚宝盆中。老财主手捧金元宝端坐在摇钱树下，一群童子兴高采烈地收获着无数的财宝，将金银财宝装在袋子里，堆积在钱囤里，钱囤上贴有“堆金积玉”“发福生财”的条幅，寓意钱龙所到之处，堆金积玉、财宝丰收、发福生财，充分表达了人们招财进宝的愿望。

除民间百姓日常贴用的“引钱龙”主题年画外，也有对应的商户年画——陕西凤翔《钱龙引进》（图1–91），画面中描绘的是左边的童子双手持“周圆通宝”的铜钱，右边的童子双手引进用铜钱串起来的一条龙，寓意是买卖兴旺发达，财源似钱龙被引进商户。

图1–90　钱龙聚处

图1–91　钱龙引进

图1–92　赶龙童子

龙的形象还经常出现在民间纸马中，湖南隆回纸马《赶龙童子》（图1-92），画中写有“冤家解散，盗贼消灭，火光入地，百怪消亡”，可以看出其作用是消灾解厄。

湖南隆回年画《飞龙八卦》（图1-93），图中方格内腾云飞龙，周围环以伏羲先天八卦。

图1-93　飞龙八卦（印沁堂收藏）

陕西凤翔年画《灯笼土地》（图1-94）中土地神服饰以黄色调为主，白脸长须、慈眉善目，左右两侧站立二神为土地神之助手，主神身后木窗屏饰以花纹格，屏饰上还挂着两个灯笼，喻示生活红红火火、圆圆满满。

图1-94　灯笼土地（印沁堂收藏）

广东佛山年画《土地》（图1-95）的土地神须发银白、慈目善面，据说土地爷手里那根拐棍称为千钧棍，号称是“土地爷拿着千钧棍，各路野鬼进不来”。

五、小结

龙抬头、土地诞都是源于先民对天地和自然的敬畏和崇拜，人们相信人间的一切福祸由天定，祭祀庆祝活动是想求得上天和土地的保佑。但聪明的人们似乎也并不盲目地崇拜，才有了“龙不抬头我抬头”，似是“人定胜天”想法。福祸由天定，福祸也由人定，这是多有意思的天地人哲学观。人不一定能胜天，但人可以试着战胜自己，人也无须一定要胜天，因为人本身就属于这天地，天地人也自然可以和谐相处。

图1-95　土地

第八节　三月三

一、节日简介

上巳节在农历的三月初三，上巳是指干支纪日历法（干支纪日是先民在早期的生活中根据自然现象和生活经验总结出来的历法，是人类社会最具代表性的文明成果）中夏历三月的第一个巳日，故又有三巳、元巳之称，魏晋以后该节日确定在三月初三，所以又叫重三或三月三，亦称春浴日、情人节、女儿节。

二、节日由来

上巳节作为一个传统节日，从字面上反映出一定的原意性（图1-96）——①为“巳”的甲骨文，郭沫若认为这个字“实象人形”，就是“子”字；②是金文“巳”，与甲骨文相比更像人形；③是小篆“巳”，已发生讹变；④是现在用的楷书，由小篆形体演变而来；⑤是祭祀的“祀”的甲骨文，“祀”从“巳”，就像一个人跪于神前祈祷。综上得出，“巳”的本义应为人。

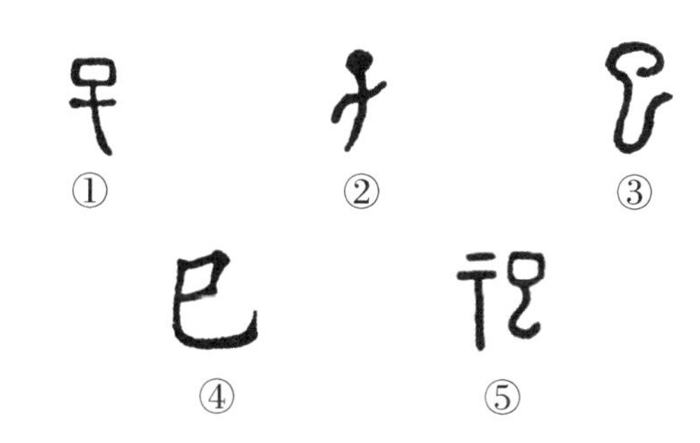

图1-96　“巳”的写法

后来，“巳”的本义逐渐消失，被借列在“子丑寅卯辰”之后，成了蛇的地支位。据《说文》记载：“巳也，四月阳气已出，阴气已藏，万物皆成文章。故巳为蛇，象形。”大致的意思是到巳日的时候阳气生发阴气逐渐消散，万物开始复苏。这个时候天气回暖，冬眠的蛇也开始出来活动了。从“巳”的小篆文字中可以看到，它的字形也像盘着的一条蛇，这就是所谓巳蛇的原意。

1. 蛇图腾崇拜

蛇在远古时代被看作是生殖崇拜的一种象征，“人首蛇身”（图1-97）是众多远古氏族的图腾和族徽，是人类始祖伏羲（创造了八卦）、女娲（五色石补天）在神话传说中的形象，他们周围的圆圈代表的是他们的星象。相传伏羲和女娲本来是兄妹关系，有一天，天降洪水，只有伏羲和女娲爬进一个大葫芦里躲过了劫难，其他人都被淹死。之后伏羲和女娲兄妹结合，繁衍了人类。

图1-97　伏羲女娲

蛇图腾为何能够成为众多氏族的族徽和图腾？作为一种威慑力和繁殖力都极强的动物，蛇成为古人崇拜的对象其实也不难理解：蛇没有四肢却能自由穿梭，同时能在水陆两种环境下生存，具有某种“重生”的超能力（每到春天，冬眠的蛇就开始脱皮再生）。这对于生存在环境恶劣条件下的古人来说无疑都是极其了不起的，因此古人对蛇产生了极大的崇敬之心进而转化成对蛇的崇拜。

蛇冬眠后苏醒活动的时间正是春暖花开的上巳时节，此时人们见到的蛇多为正在寻偶或交尾的蛇。古人认为这是吉祥的征兆，并进而对照认为这应该也是人类寻偶的最佳时节，因此三月初三还有“情人节”的别称。

2. 祭轩辕

“二月二，龙抬头；三月三，生轩辕。”相传从前有个信仰龙图腾的部落，其首领是黄帝的父亲少典。黄帝诞生在农历的三月初三，一生下来就与普通的小孩不同，天赋异禀，没多久就会说话，到了十五岁已经无所不通。后来黄帝统一了华夏部落，发明创造了房屋、阵法、衣裳、音乐、车船、器具、井田等，为人类的发展做出了极大的贡献。人们为了纪念黄帝的丰功伟绩，便将黄帝诞辰的农历三月初三作为节日庆祝。

3. 蟠桃会

蟠桃会，又称蟠桃大会、蟠桃盛宴、蟠桃盛会，是神话传说中的仙界庆典。相传三月初三是西王母（图1-98）诞辰，在这天，各路神仙都会聚集于瑶池，以蟠桃为主食为西王母庆寿。《西游记》第五回土地公公描述蟠桃园道：“有三千六百株：前面一千二百株，花微果小，三千年一熟，人吃了成仙了道，体健身轻；中间一千二百株，层花甘实，六千年一熟，人吃了霞举飞升，长生不老；后面一千二百株，紫纹缃核，九千年一熟，人吃了与天地齐寿，日月同庚。”形象地描绘了彼时天国蟠桃园的盛景。

图1-98　西王母画像

三、节日习俗

旧时上巳节是一个民间巫教活动，老百姓祈求除灾避邪、多子多福等。后来逐渐衍生出祓禊、祭祀高禖、临水孵卵（曲水流觞）、男女相会（芍药定情）、插花赏柳、探春踏青、蟠桃庙会等习俗。

1. 祓禊

图1-99　祓禊（肖植冈绘）

祓禊（图1-99）是古时人们春季驱邪祛瘟的卫生保健习俗。祓，指拔除邪秽；禊，指清洁身体。祓禊在上古时期是通过女巫去晦作法实现，后来慢慢演变为民间男女相会、互结情好，洗浴驱邪等习俗。《诗经》中有一首《郑风·溱洧》，描写郑国上巳节青年男女在溱水和洧水岸边游春的诗歌："溱与洧，方涣涣兮。士与女，方秉蕑兮。"在东汉薛汉撰《韩诗章句》中也有明确的记载："郑国之俗，三月上巳，之溱、洧两水，执兰招魂续魄，祓除不祥。"大概的意思是说三月三上巳节青年男女在溱水、洧水（古郑国，今河南省及周边）河边相会，手持兰草，清除不好的东西。还有些地方在祓禊的过程中，是用兰草洗澡或是用柳叶沾花瓣水点头。因为此时正好季节交换、寒气未褪，人比较容易生病，所以古人认为应该到水边冲洗掉身上不好的东西，从而达到驱邪避灾的作用。

2. 祭祀高禖

高禖作为管理婚姻和生育的神，在古代的地位非常高，为求皇嗣，古代的天子也会亲自前往祭祀。《礼记·月令·仲春之月》："玄鸟至。至之日，以太牢祠于高禖，天子亲往。"《汉书·武五子传·戾太子据》："初，上年二十九乃得太子，甚喜，为立禖，使东方朔、枚皋作禖祝。"东方朔作《皇太子生赋》、枚皋撰《立皇子禖祝》都提到了古代帝皇对高禖神的礼拜，可见古人祭祀高禖跟祭祀社稷一样是非常虔诚而隆重的。

因为高禖神庙多在郊外所以又叫作"郊禖"，最初的高禖神是女性且大多是成年怀孕女性，古人认为这是生育的象征。在汉代画像石中就有高禖神形象，画像石中的高禖还与婴儿连在一起（图1-100）。不同地区祭祀的高禖形象有很大区别，红山文化遗址中的女神陶像是生育之神，父权制下的高禖神则是男性（如河南淮阳人供奉的高禖是伏羲）。

图1-100　祭祀高禖（肖植冈绘）

3. 临水孵卵

除了祓禊和祭祀高禖之外，人们还通过临水孵卵的仪式来祈求生子。临水孵卵（图1-101），顾名思义是在水边（一般指户外河岸）把煮熟的鸡蛋放到河里，让它漂浮游动。岸两边站满了人，鸡蛋飘到谁面前停下来谁就将它拿起来吃掉，据说吃了之后就会生大胖小子。这只是古人的一种传统巫术仪规下的祈子仪式，内含原始生殖崇拜的基因，而春日正是万物生发的时节，求子也恰逢其时。

图1-101　临水孵卵（肖植冈绘）

我们熟知的“曲水流觞”其实就是古老“临水孵卵”民俗活动的演变。相传在东晋永和九年（353）的三月初三，著名书法家王羲之邀请亲朋好友来到会稽（今绍兴）兰亭。大家围坐在岸边，把装了酒的酒杯放到水中，让它顺其自然随着水流往下漂流，酒杯在谁面前停下，谁就要赋诗，作不出来的罚酒三杯。在这个过程中王羲之负责记录，后世把这种特别的形式命名为“曲水流觞”。也正是在这次快速的记录中王羲之写下了被后人赞誉为“天下第一行书”的《兰亭集序》，流传至今。

4. 男女相会（芍药定情）

三月初三还是中国传统的情人节之一，元宵的情人节围绕着灯笼展开，上巳节的情人节则是围绕“水”进行的，这或许与水的文化内涵有关，在古人眼里水不但可以清除瘟疫、驱邪避害、治疗疾病，甚至还有致孕、助产的作用。民间传说殷商始祖简狄就是行浴时见到玄鸟产卵，然后将鸟卵吞下而怀孕的。所以古人认为水对妇女生育来说，帮助极大。水至阴至柔，水边也是男女约会的好去处。传统封建礼制下古代女子的行为受到诸多限制，所以对于青年男女来说，三月初三可以称得上是一年一度的狂欢节了，在这一天男女相会互赠芍药定情（图1-102）。

图1-102 芍药定情（魏睿澎绘）

5. 探春踏青

探春踏青的习俗在我国由来已久。唐朝诗人白居易的《春游》一诗中有："逢春不游乐，但恐是痴人。"杜甫的"三月三日气象新，长安水边多丽人"则记载了皇家浩浩荡荡春游踏青的情景。踏青的"青"有新生的意思，踏青就是在新生的季节远足，在春日阳光中感受万物复苏的气息，感悟生命的自然状态。

6. 蟠桃庙会

三月初三是西王母诞辰，民间会举办盛大的蟠桃庙会活动。曾有人写过一首七言诗描写庙会的盛况："三月初三春正长，蟠桃宫里看烧香。沿河一带风微起，十丈红尘匝地扬。"直到今天，坐落于江苏徐州的蟠桃山在三月初三这一天还会迎来很多虔诚的信众。庙会主要活动有上平安香、迎春、进福门、吃福面、撞吉祥钟、击太平鼓、点福烛、带吉祥物回家等，还有极具地方特色的王母娘娘巡山活动。原汁原味的老蟠桃庙会民俗文化吸引着十里八村的商贩和游客赶来蟠桃山摆摊设点、逛景游玩、吃喝玩乐，热闹非凡。

四、节俗年画

历史上有许多神话故事描绘蟠桃大会的盛况，年画也不例外，如清代山东潍县年画《蟠桃大会》（图1-103）描绘的就是在蟠桃大会上众仙给西王母祝寿的场景——年画中宫灯高悬、花烛通红，西王母戴头“胜”、身着凤袍，双手捧圭（古代帝王诸侯祭祀典礼用的玉器）端坐正中，身旁有侍女执凤凰幛。在她面前的桌子上摆着蟠桃，左右有梅花鹿和仙鹤口衔灵芝，寿星带着猿猴来献蟠桃，画面两边则是来祝寿的八仙。

图1-103　蟠桃大会（印沁堂收藏）

天津杨柳青年画《瑶池祝寿》（图1-104）描绘的场景是位于昆仑山上的瑶池，图中王母乘凤于云间，九天玄女泛舟而来，各路神仙在露台恭迎，热闹非凡。画中下方有众仙女乘舟行于瑶池之中，独有一神仙于池中泛舟饮酒作乐旁若无人。

图1-104　瑶池祝寿（天津杨柳青博物馆收藏）

清代上海飞云阁画店的《群仙祝寿图》（图1-105）描绘了众仙簇拥下的王母娘娘端坐在月台上，福禄寿三星与和合二仙一同在王母的右前方，王母面前有一只猴子双手捧着寿桃献给她，八仙持宝物乘着祥云而来，下方还有一众神仙齐聚瑶池。除此之外山林百兽和海中水族也一同前来祝寿，场面浩大。

图1-105　群仙祝寿图

五、小结

上巳节民俗展现出许多极具民族人文色彩的传统文化精神，如除秽、踏青、求子等，其中的“曲水流觞”更是被上层文化圈人士发展为一种高雅艺术活动。传统民俗凝聚着一个民族对美好事物生生不息的追求与向往，这些积极向上的价值取向，也同样激励着人类世世代代对生命和生活的热爱。

第九节　清明

一、节日简介

清明，夏历二十四节气之一，在每年公历的4月5日前后。清明节是二十四节气中的第五个节气，也是中国重要的传统节日之一。“清明时节雨纷纷，路上行人欲断魂。”清明节不仅是祭奠祖先、缅怀先人的节日，也是千百年来中华民族维系认祖归宗传统文化的纽带，更是一个人类亲近自然、维护新生的春季遗俗活动。清明节在2006年5月经国务院批准列入第一批国家级非物质文化遗产名录。2008年，清明节被增设为国家法定节假日并放假一天。

二、节日由来

1. 自然节气

“清明”二字早在《历书》中就有记载：“春分后十五日，斗指丁，为清明，时万物皆洁齐而清明，盖时当气清景明，万物皆显。”意思是在春分节气十五天之后，如果斗牛星和太乙星相对（斗、乙都是古星座名）即为清明，世间万物经过冬天冰雪霜冻的洗礼已经变得非常洁净清明了，此时天气清爽、景物分明，万物开始复苏，这就是“清明”二字的由来。

清明分为三候（一年有四季，十二个月，二十四个节气，每个节气大概在十五天，所以一候五天左右，一年有七十二候），“一候桐始华，二候田鼠化为鴽，三候虹始见”，意思是一候是白桐花开放的时候；二候时喜阴的田鼠都回到地下的洞中看不见了，喜爱阳气的鴽鸟（一种鹌鹑类的小鸟）开始出来活动；三候时能见到雨后天空中的彩虹，说明这个时候的雨水比较充沛。这些都是古人观察自然现象得出的规律，用来指导当时的农业生产和劳动。

2. 三节合一节（上巳节、寒食节、清明节）

据史料记载，传统清明节祭祖的习俗或始于周朝“墓祭”之礼，距今约有二千五百年的历史。有明确文字记载的清明节最早出现在汉代，但作为节日，尤其是民间受皇家影响也纷纷仿效在清明这一天祭祖扫墓，则是唐宋之后才逐渐形成并发展起来的，经过漫长的历史演变逐渐成为中华民族一种固定的风俗。

原本的清明节仅仅是为指导农业生产劳作所设置的节气之一，没有过多的含义，后来清明逐渐演变成一个纪念祖先的节日，除了受到传统皇家“墓祭”之礼的影响，也与另外两个传统节日（上巳节和寒食节）的融入有关。

上巳节在上一节中已有具体阐述，在此仅补充寒食节内容。

寒食节又称禁烟节、冷节，在夏历（农历）冬至后第105天，一般在清明节前一两天。旧时寒食节这一天全国禁火，据说是为了祭祀雨神，请求雷雨之神的降临。俗话说：“清明前后、种瓜点豆。”清明前后，正是农作物生长需要雨水的时候，此时祈雨寄托着百姓对庄稼收成的渴望。另一种说法认为寒食节与春秋时期晋国的臣子介子推有关，据《后汉书・周举传》和晋陆翙的《邺中记》记载：春秋时晋国皇子重耳被迫逃亡，逃亡途中的重耳饥寒交迫险些丧命，其臣子介子推割腿肉煮汤相救。后重耳复为晋国国君（晋文公），嘉奖所有在自己逃亡时的随从，介子推认为忠君的行为发乎自然，以接受奖赏为耻辱，便带母亲隐居绵山。重耳派人请介子推出山无果，遂听从他人建议放火烧山相逼，谁知这场大火非但没有把介子推母子逼出来反而把他们烧死了。重耳为此非常懊恼，为了纪念介子推，自此之后他下令每年的这一天，全国禁止生火，因此家家户户都只能吃生冷的食物（“寒食”之名因此而来）。

汉时，每到寒食节民间会举行隆重的祭祀活动。但到三国时期，曹操则下令取消这个习俗，据《阴罚令》中载：“闻太原、上党、雁门冬至后百五日皆绝火寒食，云为子推”“令到人不得寒食。犯者，家长半岁刑，主吏百日刑，令长夺一月俸”。大致的意思是：曹操听说太原、上党、雁门冬至后的第105天都禁火吃寒食，说是为了纪念介子推，于是便下令不能过寒食节。如果有违抗命令者，家长半年监禁，主吏一百天监禁，令长没收一个月的俸禄。三国归晋后，民间纪念介子推的禁火寒食习俗又得以延续；唐宋时寒食节被改为清明节的前一天；至明清时，很多地方寒食节和清明节合为一体，寒食节逐渐被人们所淡忘。在《燕京岁时记》中有这样的记载：“清明即寒食，又曰禁烟节。古人最重之，今人不为。但儿童戴柳，祭扫坟茔而已。”寒食节之所以能够屡禁屡兴或许是因为古人心怀对先贤介子推的敬重之意，寒食文化中所蕴含的忠孝品德，正是中华民族传统道德的核心，是家庭和谐、社会稳定的重要支撑力量。

由于上巳、寒食和清明这三个节日的时间比较接近，随着时间的推移，民间大部分地区现已将这三节合一，三个传统节日的习俗也已逐渐融合，比如上巳节的郊游踏青、插花赏柳，寒食节的祭扫、踢蹴鞠在清明节这天都有所体现。

三、节日习俗

1. 祭祖扫墓

清明节最重要的传统习俗莫过于祭祖扫墓，早在秦汉时期墓祭已经成为必不可少的礼俗活动，但由于封建礼制下皇族对社会统治的需要，传统墓祭行为在民间仍受到不少制约，直至唐代，才逐渐有民间清明扫墓的风俗，且愈演愈烈。之后朝廷以政令的形式将民间扫墓的风俗固定在清明前的寒食节；到了宋代，清明节将寒食节完全替代，并承载了原属于寒食节的节俗功能；明清时期，清明扫墓风俗更加盛行。直到如今，清明节祭拜祖先、悼念已逝亲人的习俗仍很盛行，这种生生不息的“根脉文化”传统已然成为中华民族文明永续、历史长存的典型象征。

图1-106　扫墓（杨颖如绘）

所谓扫墓（图1-106），即打扫坟地和墓地。旧时，坟墓多为半圆形的土坡，土坡经历风吹日晒雨淋，极易杂草丛生或是被老鼠狐狸打洞。这对慎终追远的墓主后人来说是绝不能容忍的。清明时节农忙尚未开始，天气清朗，恰是清理、修补先人坟墓的大好时节，这同样也是百姓基于自然季候和社会生活的合理安排。

除上坟扫墓之外，清明祭祖还有另外一种形式——家祭，家祭一般是在祠堂太庙或者家里。旧时，每逢清明节各姓祠堂宗祠都会打开大门，焚香点蜡，祭祀列祖列宗。河北武强年画《德宅芳春》（图1-107）描绘的就是家祭的场景——画面分三个部分，上半部分是坐在主位的两位先人，在他们头顶上有一块牌匾写着“德宅芳春”，意为一个家族子孙枝繁叶茂、生机勃勃。两旁的红色柱子对联上书：“金炉不断千年火，玉盏长明万岁灯”，意为祭祀先人，不断香火；中间部分描绘的是祖先牌位，牌匾上写着三代宗亲；下半部分则描绘前来祭祀先人的晚辈。两旁绘有十二幅孝行图，用于教育后人要有礼敬祖先、慎终追远的人文精神。

图1-107　德宅芳春（印沁堂收藏）

除清明节外，还有一些传统节日也举行类似的祭祖仪式，比如中元节、重阳节等，其中的清明节和重阳节在旧时合称为春秋二祭。

2. 荡秋千（鞦韆）

秋千，古代多写作“鞦韆”。相传，秋千由春秋时期北方山戎传入中原。另一说法是秋千源于汉武帝，为汉后庭之戏，本云“千秋”，是祝寿之词。后来为避千秋万世的帝王讳，才改叫秋千。秋千的起源可能与早期人类在丛林中攀爬树木、采集果实的攀荡技术有直接关系。隋唐时期，秋千为皇宫宫女们所好，后传至民间，成为清明、寒食等节日流行的民间游戏，深受妇女儿童喜爱。唐代杜甫《清明二首》中有诗云：“十年蹴鞠将雏远，万里秋千习俗同。”侧面说明了蹴鞠和秋千在当时都是极为流行的游戏。唐玄宗曾戏称秋千上轻盈飘荡的女子为“半仙之戏”——以秋千为原型的拓展游戏，有几种常见的玩法：一种是比秋千荡起的高度，高者为胜；一种是以秋千架前方的东西为目标，用脚碰到或者用嘴咬到目标为胜；还有一种是在秋千架前面放两根棍子，在棍中间横拉一根系有铃铛的绳子，以碰铃次数多少定胜负。（图1–108）

图1–108　荡秋千（杨颖如绘）

3. 牵钩

“牵钩”是古时候的叫法，其实就是我们现在说的“拔河”。相传“牵钩”源于春秋时期的楚国，据唐封演《封氏闻见记》记载：“拔河古谓之牵钩，襄、汉风俗，常以正月望日为之。相传楚将伐吴，以为教战。”从中可知，牵钩最初是用来训练军队士兵的作战能力，后来逐渐演变为娱乐游戏并在民间广泛流行。

唐代以前的拔河游戏是用竹索，到隋唐时期才改用大绳。拔河双方人数相等，用一根粗绳对拉，拔河时，在绳子的正中间插一面大旗，在旗子两侧画两条河界线。比赛时，一声令下，双方各自用力拉绳，将对方拉到河界线内为胜利，旁边的观众则鼓乐齐鸣，为双方呐喊助威，热闹非凡。（图1–109）

图1–109　牵钩（魏睿澎绘）

4. 踢蹴鞠

蹴鞠，“蹴”有用脚蹴、蹋、踢的含义，“鞠”最早系外包皮革、内实米糠的球。蹴鞠是古时人们喜闻乐见的一种游戏，唐宋时期已十分盛行，经常出现球终日不坠、球不离足、足不离球、华庭观赏、万人观看的情景。可见在古代蹴鞠民俗活动的广泛性。（图1-110）王维《寒食城东即事》一诗中的“蹴鞠屡过飞鸟上，秋千竞出垂杨里”就生动形象地描绘了当时人们踢球的技艺。陆游《春晚感事》中的“寒食梁州十万家，蹴鞠秋千尚豪华”则如实记录了当时寒食节民间蹴鞠、秋千游戏的普及程度。

图1-110 蹴鞠图（魏睿澎绘）

5. 射柳

射柳（图1-111）是古代一项传统的射箭活动，就是用柳枝当箭靶以弓箭射之，也叫“扎柳”。北方少数民族善骑射，据说射柳起源于两晋南北朝时期匈奴和鲜卑等少数民族的祭祀活动中，后来随着与中原的贸易文化交流逐渐传入到全国，该习俗的功能也不断地从最初的祭祀逐渐转变为军事训练和娱乐竞技活动。

图1-111 射柳（魏睿澎绘）

随着射柳的广泛传播，上至宫廷下至街巷各个阶层都非常喜欢从事射柳活动，直到清代中期仍然非常流行。部分地区在传统射柳活动内容的基础上扩散发展，如射柳时把预先放在葫芦中的鸽子悬挂于柳枝上，骑马者弯弓射中葫芦，鸽子飞出。这项活动对骑马者的射击水平要求很高，稍稍掌握不好就容易射偏将鸽子射伤或射死，所以这项活动通过飞鸽从葫芦中飞行的高度来判断胜负。当然，以现在的观点来看，这种传统民俗活动未免过于残忍，这项活动已逐渐消失。

6. 插柳赏花

插柳之俗起源较早，魏晋南北朝时人们已有在元旦插柳的民俗活动（相传柳条有辟邪的作用）。在北魏贾思勰《齐民要术》中就提道："正月元日取柳枝著户上，百鬼不入家。"到了宋代插柳的习俗则多出现在清明节上，宋代孟元老所著的《东京梦华录》有相关的记载："清明节，用面造枣锢飞燕，柳条串之，插于门楣。"同时期的《梦粱录》也有："家家以柳条插于门上，名曰'明眼'。"除辟邪之外，民间认为插柳还有记年华和占阴晴的作用。南宋赵鼎诗作《寒食书事》："寂寞柴门村落里，也教插柳记年华。"《清嘉录》记载："清明日，满街叫卖杨柳，农人以插柳日晴雨占水旱，若雨主水。"

7. 放风筝

关于风筝的发明，现有的文献资料记载相对缺乏，后人难以了解其全貌。主要有四种观点：一说是鲁班或是墨翟造木鸢，二说是韩信造风筝，三说是南北朝羊侃造风筝，四说是五代李业造风筝。

每逢清明时节，天清气朗，男男女女走出户外嬉戏玩耍，放风筝（图1-112）也就成了人们时下最喜欢的一种娱乐。有的人把风筝放上天后便把线剪断，随风把它们送往天涯海角，寓意把晦气放掉。在

图1-112　放风筝（杨颖如绘）

传统的中国风筝题材中有很多吉祥寓意的内容，如龙凤呈祥、百鸟朝凤、连年有鱼、福寿双全、四季平安、百蝶闹春、鲤鱼跳龙门、麻姑献寿等等，这些风筝主题表现了人们对美好生活的向往和憧憬。

四、节俗年画

木版年画中常见有反映清明节习俗的画面，天津杨柳青年画《十美图放风筝》（图1-113）就表现阳春三月，十姐妹(图中十二人，含两个丫鬟)结伴郊游踏春放风筝的快乐场景，民间味十足。画中十位美人都有着柳叶眉、丹凤眼、瓜子脸、樱桃口的面部特征，代表了当时社会大众的审美情趣。美人们手中放飞的风筝形式多样、题材丰富，反映出当时的风筝在扎制技术、样式、装饰以及放飞技巧上都已达到较高的水平。具体表现如下：

图1-113　十美图放风筝

风筝中有老鹰、蝴蝶等常见的动物、昆虫造型，图中有一组是家禽，上面绘有一只公鸡和母鸡，下面有五只小鸡，坊间称为“教五子”（画面中公鸡在叫，这个“叫”和教育的“教”同音，所以称为“教五子”）（图1-114）。画面中间一美人手拿一款龙马八卦风筝（图1-115），传说是伏羲创造八卦的灵感来源。画中右侧有两个仕女都拿着串式风筝（图1-116），风筝前面是福禄寿三

图1-114　十美图放风筝（局部）

图1-115　十美图放风筝（局部）

图1-116　十美图放风筝（局部）

星，后面连着五只蝙蝠（五福），放风筝时，做往回拉扯的动作（蝙蝠）就会靠向自己，寓意着引福来。

除了上面这些比较传统的风筝样式之外，画面中还有一款比较现代的风筝——火轮风筝（图1-117）。晚清时期，受西方工业革命技术的影响，先进的西方设备和技术纷纷涌入中国，以蒸汽机动力为代表的火车成了时下风筝画里一个新兴事物的特例，极具时代性。

图1-117
十美图放风筝（局部）

天津杨柳青年画《春风得意》（图1-118）虽然同样描绘了人们放风筝的场景，但该年画作者将放风筝的场景设定在庭院中。画中几个小孩子在大人的陪伴下自由自在地放飞风筝，画面清新脱俗，女性形象端庄、贤淑。画中题画诗写着："夕阳春暮画图中，凤翥鸾翔接好风，莫道儿童嬉戏意，春云有路总能通。"署款："壬寅冬月，津西柳郛居士桐轩高荫章戏作于雪鸿山馆之西窗下"。高桐轩为此画创作者，关于高桐轩对年画所作出的贡献，王拓在其博士论文《晚清杨柳青画师高桐轩研究》："高桐轩的木版年画在中国民间美术史上的

图1-118　春风得意

重要意义即在于他实现了宫廷（西洋）绘画、文人绘画以及晚明版画三者在风格上的交叉与融合。特别是在传统界画技法的基础上，运用清代宫廷绘画中西洋焦点透视法，在年画图像中真实地再现了复杂的苑囿建筑空间场景。这在清末杨柳青年画因遭受石印技术冲击而日益衰微的背景下，为晚期杨柳青年画的最后一段时光注入了一丝生机。”

上海小校场年画《十美踢球图》（图1-119）中描绘了清代姑苏妓院内踢球的场景，画面中三人踢球，七人观球，在

图1-119　十美踢球图

图1-120　卖花声里过清明（日本早稻田大学收藏）

正中间还有一女子手持气球，两旁有小孩踢小球嬉戏，描绘了清明时节踢球的欢乐场景。

天津杨柳青年画《卖花声里过清明》（图1-120）描绘的是清明时节卖花的场景，画中卖花商贩的喊声吸引了人们驻足观看，商贩花篮里的花开得正艳，吸引了旁边的女子；放牛的牧童牵着牛走过，仿佛周边的一切都与他无关。清明时节杨柳依依，整幅画描绘的都是春天气息，一番风和日丽的景象。

五、小结

清明节不仅是祭奠祖先、缅怀先人的节日，同时也是一个远足踏青、亲近自然的节气；清明节融合了上巳节和寒食节的一些习俗，产生了特有的一种“三节合一”文化；清明节的风筝又是民间美术中一个非常特殊的类别，其中不乏以木版年画的方式生产制作以提高其制作效率。清明节无论是节日还是节气，都有着丰富的思想意涵，有待于我们继续去挖掘。

第十节 端午

一、节日简介

每年的农历五月初五为端午节，据不完全统计，端午节的叫法多达二十几种，按历法：端阳节、端五节、五月节、重午节、蕤宾节；按气候：天中节、当五汛、夏节；按风俗：龙舟节、菖蒲节、浴兰节、解粽节、灯节、茝蒲节、五蛋节；按纪念对象：屈原节、伍子胥节、曹娥节；按习俗：女儿节、端礼节。2006年5月，端午节被国务院列入首批国家级非物质文化遗产名录；2009年9月，联合国教科文组织正式审议批准中国端午节被列入世界非物质文化遗产，成为我国首个入选世界级非遗的节日。

二、节日由来

“端午”一词最早出现于西晋名臣周处的《风土记》：“仲夏端午谓五月五日也，俗重此日也，与夏至同。”“端”在古汉语中有初始、开头的意思。“午”在东汉许慎《说文解字》中解释为：“啎也。五月，阴气午逆阳。冒地而出也。”大致的意思是：逆反，在地支中，“午”代表五月，这时地里的阴气逆反阳气，从地面冒出。“端”字有“初始”的意思，因此“端五”就是“初五”。而按照先秦的天文历法五月正是“午”月，因此“端五”也就渐渐演变成了“端午”。

从端午节的别称上来看，端午节的由来有很多种说法，例如纪念屈原说、纪念伍子胥说、星象崇拜、夏至说等等。

1．纪念屈原说

东汉末年《太平御览》卷三十一引东汉应劭《风俗通》记载："五月五日以五彩丝系臂者，辟兵及鬼，令人不病温（瘟），亦因屈原。"大致意思是说端午在手臂上系五色丝线的习俗起源于屈原。据《史记·屈原贾生列传》记载，屈原是战国时期楚怀王的大臣，他向楚怀王提出富国强兵、联齐抗秦、举贤授能的建议，遭到部分贵族的强烈反对，屈原也因此遭受谗言陷害而被革去官职流放到沅湘流域。在流放途中，屈原写下了许多忧国忧民的不朽诗篇，如《离骚》《天问》《九歌》等。当他到了汨罗江边的时候，听到楚顷襄王竟与秦昭王在楚故都鄢相会。屈原似乎料到了国家即将覆亡的结局（后来正如屈原所料，楚国覆灭），但他始终不忍舍弃自己的祖国，在写下了《九章·怀沙》这首诗之后抱石投汨罗江而死，这天正好是五月初五。后人为了纪念屈原对国家矢志不渝的忠诚精神，在端午节这天纪念他，流传至今。

2．纪念伍子胥说

江浙一带端午节这天更为流行的则是纪念春秋末期吴国大夫、军事家伍子胥。《史记》记载：夫椒之战越国战败之后，越王勾践向吴王请和，伍子胥认为若此时不灭越国日后必将后患无穷，吴王非但没有采纳伍子胥的建议，反而听信了收受越王勾践贿赂的太宰伯嚭的谗言，派人送了一把剑让伍子胥自杀。伍子胥在自杀前吩咐他人说，等我死了之后，请把我的眼睛挖出来挂在城门之上，我想亲眼见到吴国被灭。说完便自刎而死。伍子胥的话传到了吴王耳里，吴王勃然大怒，便派人将伍子胥的尸体用鸱夷革裹着丢进江里。据说伍子胥被丢进大江之后当地百姓悄悄地将他的尸首捞起并将其厚葬，结果如伍子胥所料吴国被越所灭，吴国百姓每每此时更加怀念国之柱石伍子胥。相传伍子胥死后忠魂不灭成了涛神，端午节也成了江浙一带纪念伍子胥之日。

3．星象崇拜

关于端午节源自星象崇拜（星象是指天空的自然景象，如日月星辰的运行变化规律等。古人常通过观测星象占卜吉凶，指导农业生产劳动）则是由上古时期吴越族的祭龙（龙图腾的崇拜）仪式演变而来。端午的星象可见于《易经·乾卦》第五爻的爻辞曰：“飞龙在天”。端午日龙星既“得中”又“得正”，乃大吉大利之象。意思就是端午（五月初五这一天），是苍龙七宿（图1-121）飞运行至正南中天的时间，是大吉大利之象征。由此，民间产生一系列的祭祀和庆祝活动，久而久之逐渐发展成了后来的端午节。

图1-121　苍龙星象图（魏睿澎绘）

4. 夏至说

端午节又称为端阳节，源自部分认为端阳节与夏至有关的说法。“至”有到达极点之意，古人认为因太阳照射而产生的地气阴阳此消彼长，以冬至与夏至为最盛。夏至，刚好是阳气到达极点开始由盛转衰的时点，所以又叫作“夏至一阴生”；反之则有“冬至一阳生”的说法。夏至炎热的天气使地下的毒虫也变得“燥热”起来，加上阴气开始滋生导致的湿毒之气，虫害会让人经常生病，古人认为需在此时通过驱逐瘟疫、祭祀等祭仪来保护自己。

夏至与端午在古人眼中同样重要，由于两个节日的时间相隔不远，端午节与夏至有逐渐混合的可能。西晋周处编纂的《风土记》对端午和夏至做了这样的说明：“仲夏端五，方伯协极。享用角黍（粽子），龟鳞顺德。”其注写道：

“端，始也。谓五月初五日，四仲为方伯。俗重五日，与夏至同”。由此可知，大约在西晋时期人们就开始把夏至、五月与端午的祭神求福、驱邪送瘟等习俗融合；到了唐朝夏至与端午则更进一步结合；如果二者时间相近，便会选择在同一天举行祭祀活动。屈原投江殉国的故事感动无数百姓，又使端午逐渐取代夏至产生了更强的民意基础。

三、节日习俗

农历五月刚进入初夏，因地气湿热滋生的瘴疠、毒虫极易导致疾疫流行，古人认为这是邪祟在作怪，故希望通过一系列传统除祟手段达到驱邪消灾的目的，因此产生了如赛龙舟、吃五毒饼、贴天师符、挂菖蒲、悬艾叶、系五色丝线、饮雄黄酒等习俗。

1. 赛龙舟

关于赛龙舟，民间有龙图腾崇拜、送标禳灾、人物纪念等几种不同的说法。

首先关于“龙图腾崇拜”说，中国现代学者闻一多曾在《端午考》和《端午的历史教育》中发表了端午节起源于古代南方吴越民族图腾祭祀的观点，文中指出古代的吴越民族以龙为图腾，为了彰显自己是龙的后代，他们会在每年农历五月初五这一天举行盛大的图腾祭。文中所说从时间上来看早于屈原说法；而“送标禳灾”说法可见明末杨嗣昌《武陵竞渡略》：“今俗说禳灾，于划船将毕，具牲酒黄纸钱，直趋下流，焚酹诅咒疵疠夭札，尽随流去，谓之‘送标’。”可见在古人的观念中“疵疠（灾害疫病；灾变）”是可以用船运走的，老百姓通过此方式送走灾祸以求平安；而关于人物纪念说则更常出现于文献记载，其中有的说纪念屈原、有的说纪念伍子胥，也有说纪念曹娥等。尽管赛龙舟的习俗早在屈原之前就已经存在，但端午节赛龙舟与屈原的故事关联似乎更深入人心，影响也更加深远。随着时代的发展，端午赛龙舟文化逐渐形成了现如今人们所熟知的习俗。

赛龙舟（图1-122）是端午节一项非常重要的民俗活动，在中国南方十分重视和流行。传统的赛龙舟并不只是一种水上比赛项目，而是结合了诸多传统龙神文化在内的民俗活动。活动一般分几个流程：起龙（身）、祭龙神（请龙）、装龙（头）、游龙、赛龙和收龙，地域不同仪式也有所不同。在端午前择吉日从水下起出龙舟（起龙），举行隆重的请龙祭龙仪式（古时祭祀龙神多为祈求神灵保佑、风调雨顺、驱邪除祟之意），祭过龙神后安上龙头，再准备竞渡。现如今的赛龙舟已被列为中国传统体育、游艺与杂技项目类的非物质文化遗产并且走向世界，发展成了一项国际赛事。

图1-122　赛龙舟（冯颖欣绘）

2. 吃五毒饼

图1-123　五毒饼

中国民间传统素有吃“五毒饼”（图1-123）避“五毒”的习俗。所谓“五毒”一般指的是蛇、蝎子、蟾蜍、蜈蚣、蜘蛛（也有一种说法是壁虎）五种带毒的动物。端午前后正值初夏，气候开始炎热，大地回暖，各种飞蝇、毒虫变得活跃，在地气湿毒升腾的作用下，此时毒虫的毒性是最强的，所谓“端午节，天气热，五毒醒，不安宁”（民谚），人们把农历五月初五称为毒月毒日，所以才有了在端午节吃“五毒饼”避“五毒”的习俗。

3. 贴天师符

天师符又叫作“五雷符”“灵符”等，一般为绘有五雷、灵符和道教天师形象，意在驱邪避害、保佑全家健康的民俗宗教画。贴天师符的习俗最早可以追溯到汉代，据《后汉书·礼仪志》载：“五月五日，朱索五色桃符，为门户饰，以止恶气。”大致的意思是五月五日这一天，用朱砂印五色桃符，贴在门上窗户，用来防止邪祟。清富察敦崇《燕京岁时记·天师符》载：“每至端阳，市肆间用尺幅黄纸，盖以朱印，或绘画天师、钟馗之像，或绘画五毒、符咒之形，悬而售之。都人士争相购买，粘之中门，以避祟恶。”这里所说天师符印制用纸为黄纸，即民间常用五色纸的一种（民间纸马神像常用五色纸画印）。从“都人士争相购买”这句中可以看出贴天师符的习俗早在清代就已经非常流行。

4. 挂钟馗，跳钟馗

据宋《钟馗传略》记载：“夫钟馗者，姓钟名馗，古有雍州终南人也，生于终南而居于终南，文武全修，豹头环眼，铁面虬鬓，相貌奇异，经纶满腹，刚正不阿，不惧邪祟，待人正直、肝胆相照、获贡士首状元不及，抗辩无果，报国无门，舍生取义，怒撞殿柱亡，皇以状元职葬之，托梦驱鬼愈唐明皇之疾，封‘赐福镇宅圣君’，诏告天下，遍悬《钟馗赐福镇宅图》护福祛邪魅以佑平安。故名噪天下也！”民间认为钟馗同张天师一样具有镇鬼驱邪的本领，所以在端午节这天家家户户都会悬挂钟馗像（图1-124），希望通过张贴此类年画镇压邪祟，平安地度过“毒月”。钟馗像多悬挂在厅堂、卧室中，也有将钟馗像挂在后门的（相传钟馗撞死的地方，就在皇宫的后宰门前，所以钟馗成了后门的门神）。

旧时民间除了挂钟馗像之外，部分地区还有端午节跳钟馗（图1-125）（也叫闹钟馗）的习俗，是一项古老的民俗活动，有研究（引）称主要分南北两派——“南派跳钟馗”以古徽州歙县地区为代表，又称“嬉钟馗”，兴于明朝万历年间，距今有400多年的历史。歙县跳钟馗寓意消除“五毒”，保佑身体健康，以求驱邪降福，保佑村民平安；“北派跳钟馗”以陕西省西安市户县（今鄠邑区）为代表，傩舞跳钟馗，又称跳鬼脸、请钟馗、戏钟馗、闹钟馗，多用在民间送孤、除煞等仪式中，融合了民俗、艺术和宗教文化以原始文化为基础，传统

图1-124　挂钟馗像（冯颖欣绘）

图1-125　跳钟馗（肖植冈绘）

的阴阳五行为先导并融入了自然崇拜、图腾崇拜、祖先崇拜、鬼神崇拜等内容，是中国舞蹈的活化石。

5. 饮酒

菖蒲酒、雄黄酒、朱砂酒、艾叶酒等是端午节最具特色的饮品（图1-126）。这些酒在历代文献中都有相应的记载，如《后汉书》云："孟陀，字伯良，以菖蒲酒一斛遗张让，即拜凉州刺史。"《明宫史》里有"宫眷内臣……初五年时，饮朱砂、雄黄、菖蒲酒"的记载。又以洒墙壁门窗，以避毒虫；《清嘉录》记载："研雄黄末，屑蒲根，和酒饮之，谓之雄黄酒。"在民间菖蒲、雄黄、朱砂、艾叶都有驱邪之意，其中又以雄黄最盛，雄黄酒也成为古时夏季灭害除病的主要消毒药剂。古人常将其洒在家中潮湿阴暗的角落，以避毒虫危害。值得一提的是，据现代科学研究，雄黄加热后会变成三氧化二砷，也就是俗称的砒霜，人喝了之后会中毒，所以千万不要抱着侥幸的心理去尝试。

图1-126　饮酒（冯颖欣绘）

6. 挂菖蒲，悬艾叶

据南北朝宗懔《荆楚岁时记》记载："采艾以为人，悬门户上，以禳毒气。"端午以植物来避邪驱毒是民间常用的一种方式。避邪的植物在各地不尽相同，其中以菖蒲和艾叶最为普遍。一般是将菖蒲和艾叶悬挂在家门口房檐上又或是插于门两边或上方，如辽宁《辽中县志》载，当地"以蒲艾高插檐间"；在山东省曲阜、邹县一带有谚语云："门口不插艾，死了变个大鳖盖。"可见挂菖蒲、悬艾叶的习俗在各地民间都流传甚广。

除了艾叶、菖蒲以外，还有一些驱邪避害类植物在民间端午被使用。如在辽宁锦西、北京房山、河北青县等地，人们会把桃枝悬挂在门窗之上以祛邪；在吉林怀德、甘肃漳县等地，百姓则流行折柳插门。

7. 系五色丝线

五色丝线又叫五彩线、五彩长命缕、续命缕、避瘟绳、长命丝、避兵缯、百岁索、朱索、百丝儿等，由黑、白、红、青、黄五种颜色（对应五行色）丝线编织而成。东汉应劭《风俗通·佚文》：“午日，以五彩丝系臂，避鬼及兵，令人不病瘟：一名长命缕，一名辟兵绍。”以及明余有丁《帝京五日歌》所云“系出五丝命可续”中的系五彩丝、五丝指的就是这种习俗。传统五色丝线多系在小孩子的手臂或颈项上，自端午日系起，直至七月初七“七娘妈”（又称七星娘娘或七星夫人、七仙女，是民间奉为保护孩子平安和健康的神，也是中国民间的情侣保护神）生日时解下来连同金楮（七夕祭祀时焚烧的纸马）焚烧。民间还有另一说法，在端午节后的第一个雨天把五彩线剪下来扔在雨中，会带来一年的好运。

四、节俗年画

端午的习俗在年画中反映得最为具体，而作为民间守护神的张天师和钟馗自然也就成了年画中的常见题材。

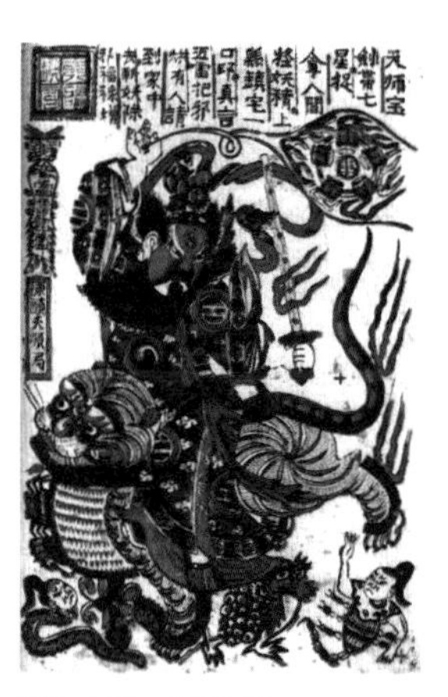

图1-127　张天师

清代陕西凤翔年画《张天师》（图1-127）中张天师红脸、三只眼、黑鬓，身穿绿袍，袍上绘有八卦纹，左手手持七星剑，使出五雷火以灭五毒。相传，天师第三只眼能观察到魑魅鬼怪的出没及活动。画的上方有题字“天师宝剑带七星，捉拿人间怪妖精。上悬镇宅一口印，真言五雷把邪烘。有人请到家中去，斩妖除邪福禄增”。

图1-128　天师

陕西凤翔年画《天师》（图1-128）描绘的天师形象是大胡子，表情凌厉雄健，一手拿宝剑、一手持法宝，身旁有大猛虎，猛虎脚下还踩着各种法宝，正在消灭五毒。

民国时期的无锡纸马《天师》（图1-129）形象则更加简洁，画面中只有天师的脸，没有完整的身体，也没有骑着老虎，更没有拿宝剑或者法器，几乎是用脸谱的表现形式来呈现的。

湖南民间水陆画《张天师除邪》（图1-130）中的张天师手持护板，坐在老虎身上，老虎嘴里叼着艾叶，来势汹汹，邪祟见了都要退避三舍，传说他嘴里的艾叶也可以辟邪。

纸马《天师真人》（图1-131）是天师符的一种，画中天师身着道袍端坐其中，跟大部分张天师描绘的怒目圆睁形象不同，画中的张天师面带微笑，给人一种和蔼可亲的感觉。

年画《镇宅元帅》（图1-132）描绘的张天师左手持七星剑，右手手指指向前方，身着八卦道袍呈金鸡独立状，身旁还有龙和虎相伴，五个雷字象征其法术——五雷轰，民间认为天师元帅镇宅可以驱邪避害，此画多贴于门上。

图1-129　纸马《天师》

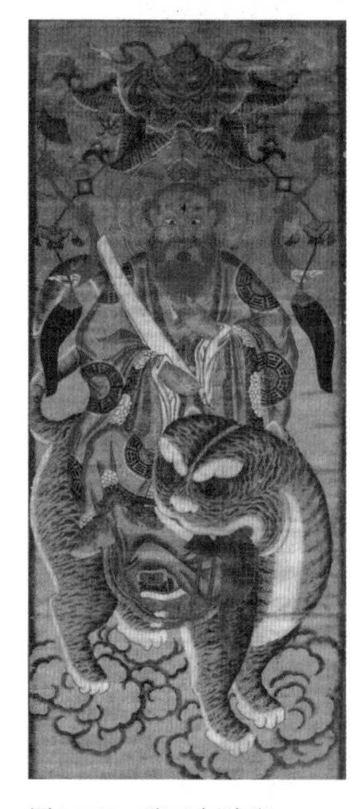

图1-130　张天师除邪（印沁堂收藏）

图1-131　天师真人（印沁堂收藏）

图1-132　镇宅元帅（印沁堂收藏）

广东佛山年画《张天师》（图1-133）是用来祭祀时焚烧的，画面中的张天师与大部分年画描绘的人物形象一样，三目，身披八卦服，身骑老虎，周围配以花卉装饰。

钟馗在年画中有着丰富的表现，即使是在同一个产地造型也会有所区别，河南朱仙镇年画《馗头》（图1-134）描绘了钟馗紫脸赤发龇牙咧嘴的形象，另一个《馗头》（图1-135）则是白脸朱红发色的儒雅文官形象。

山东潍坊《钟馗驱鬼图》（图1-136）的钟馗成金鸡独立之势，右手持七星宝剑，对付为非作歹的小鬼，身披红袍，头顶官帽，龇牙咧嘴，捉鬼除邪之像。

苏州桃花坞年画《端阳喜庆图》（图1-137）通过传神的视觉形象将《清嘉录》记载的龙舟竞渡的盛景再现出来："七里山塘，几无驻足之地，河中画楫栉比如鱼鳞，亦无行舟之路。欢呼笑语之声，遐迩振动。"画中的大船尾挂"顺风

图1-133 张天师

图1-134 馗头 （印沁堂收藏）

图1-135 馗头 （印沁堂收藏）

图1-136 钟馗驱鬼图（印沁堂收藏）

图1-137 端阳喜庆

图1-138 瘟司（印沁堂收藏）

图1-139 五瘟神

图1-140　五瘟（吴百所收藏）

图1-141　禳灾集福（吴百所收藏）

大吉”旗，船头小童高举“日进斗金”旗，钟馗、和合二仙、财神一同护佑助阵；另一龙舟争相竞渡，一派欢腾热闹的景象。

人们希望通过龙船能将灾祸送走，已达到驱邪保平安的心理诉求，《瘟司》（图1-138）年画就描绘了古人乘着一艘大龙船将瘟神送走的场景，画面上方写着“瘟司”二字，瘟司，被中国民间视为传说中的瘟神。画中的人们希望能够通过龙船将灾祸送走。

随着社会的发展，瘟神逐渐被人格化，元代成书明代刻本《三教源流搜神大全》又为“五瘟神”写了新传说，据第四卷“五瘟使者”载：“昔隋文帝开皇十一年六月，内有五力士，现于凌空三、五丈，于身披五色袍，各执一物。一人执杓子并罐子，一人执皮袋并剑，一人执扇，一人执锤，一人执火壶。”（图1-139）年画中的《五瘟》（图1-140）就描绘了乘舟送“五瘟”（分别是总管中瘟史文业、春瘟张元伯、夏瘟刘元达、秋瘟赵公明、冬瘟钟士季）的场景。画中的五瘟就如《三教搜神大全》所描绘的一样，他们手中各持一件法宝，一人手持勺子和罐子，一人手持袋子和剑，一人手持扇子，一人手持锤子，一人手持火壶。

而山西年画《禳灾集福》（图1-141）则表达人们对龙神的祭拜，希望通过赛龙舟祈求龙神保佑，让灾祸瘟疫远离，留下五谷丰登、吉祥如意。

五、小结

端午由原始的龙图腾崇拜逐渐发展成为与五毒文化和历史名人故事相关有其自身的逻辑规律，即由天象崇拜到地象崇拜再到人像崇拜的演变，这是人类认识自我的一个逻辑过程，也是人类文明和社会产生的过程。中国传统哲学观和价值观的形成离不开前人的思想积累，而民俗文化恰是思想累积的最物象化表达，是文明传递的活化石。

第十一节 七夕

一、节日简介

七夕节在农历的七月初七，七夕节又称乞巧节、七月七、穿针节、重七、七夕情人节等。七夕节是众多传统节日中为数不多以女性为主角的节日，也是中国传统节日中最富浪漫色彩的节日之一。2006年5月20日，七夕节被国务院列入第一批国家非物质文化遗产名录。

二、节日由来

传统七夕节俗的核心文化内涵起初为“乞巧”而非今日“七夕情人节”概念里的“情”，乞巧节逐渐发展成为情人节或与广泛流传的民间故事“牛郎织女”有关，但是从源头上来说并没有派生的关系。七夕节文化的起源可以归结为三类：神话故事、数字崇拜和星象崇拜。

1. 神话故事

在年画《天河配》系列中就以牛郎织女为题材，描绘牛郎搬家（图1-142）、天河洗浴（图1-143）、天河相隔（图1-144）、七月七相会（图1-145）四个主题，组成了一个完整的故事：牛郎父母双亡，跟着哥嫂生活。他的嫂子卢氏很坏，乘丈夫外出之际在饭里面下毒，想要害死牛郎，被金牛星下凡的黄牛识破。他的嫂子见他没有死，又挑唆分家，牛郎分到了

图1-142　牛郎搬家

图1-143　天河洗浴

图1-144　天河相隔

图1-145　七月七相会

一头老黄牛和一辆破牛车。牛郎在老黄牛的指点下，在天河偷走了织女的衣服，这样就制造了与织女相遇的机会，后来两人相爱，结为夫妻，过上了幸福的生活。后来这件事被玉帝知道了，玉帝说神仙怎么能嫁给凡人呢，于是便派天兵去将织女抓回天庭，牛郎没有办法上天，他想起了老黄牛临死前跟他说的话，披上它的皮就可以上天，于是牛郎披上黄牛皮，用担子挑着两个孩子去追，但是被王母画的天河挡住了。后来牛郎和织女的故事感动了王母，王母允许他们在每年的七月初七这一天在鹊桥上相会。

牛郎织女的故事也多见于史料记载，如《史记·天官书》：“南斗为庙，其北建星。建星者，旗也。牵牛为牺牲，其北河鼓。河鼓大星，上将；左右，左右将。婺女，其北织女，天女孙也。”其中提到“牵牛为牺牲”（祭品），而织女则是“天女孙也”，这俨然显示了织女高贵的身份地位。牛郎织女神话传说中两个主人公是人格化的牛郎星与织女星，最早见于《诗经·小雅·大东》：“或以其酒，不以其浆。鞙鞙佩璲，不以其长。维天有汉，监亦有光。跂彼织女，终日七襄；虽则七襄，不成报章。睆彼牵牛，不以服箱。”《大东》篇本是一首表现西周时期东方诸侯国臣民讽刺周王室的诗。这一节大意是说：银河两岸的织女星、牵牛星，尽管有其名，却不会织布，不能拉车。当今的统治者亦是如此，虽身居高位，却无恤民之行，不过徒有其名而已。

在早期，织女和牵牛二星仅是作为自然星辰形象引出的一种隐喻式联想，并无任何故事情节。结合诗歌本身，可以得知在西周时期，牵牛已经由“牺牲”化为与织女一样的具有血肉感的人格化星辰。那又为何牵牛非得拉车？织女又非要织布呢？结合西周时期社会经济发展可知，西周时期已经出现了有女工专司丝帛，同时作为农耕文明重要的一分子，故产生了负责“牵牛”的职业。（茅盾说：“这才使得原始人民以自己的生活状况、宇宙观、伦理思想、宗教思想等，作为骨架以丰富的想象以七夕节为衣，创造了他们的神话和传说。”）从诗歌的创作角度来看，作者并举织女星、牵牛星，同时运用类似的手法“不成报章”“不以服箱”表述，说明在牛郎、织女二星同为星辰之时，他们不仅拥有平等的地位，而且在神格上也是平等的。这一点在牛郎、织女传说之后的演变发展及与七夕节日合流之后发生了很大的变化。

2. 数字崇拜

七月七属重日，在古代，九以下的重日都会有与之相对应的节日，《黄帝内经·素问·三部九候论》：“岐伯曰：天地之至数，始于一，终于九焉。”古人认为数字从一到九，九之后又是一个循环，所以九为最大，因此过了九月，没有重叠一说，所以九月之后没有重日节日之说。随着时代的发展以及各类民俗的交汇融合，部分传统重日节被逐渐融入其他的节日中，慢慢地被遗忘。如宋代王十朋诗词《四月四日祀赤帝于慈云岭净名寺祀毕游易安斋至江次送黄子升通判还乡》可看出，在宋代已有在四月四祭祀炎帝（又名赤帝）的习俗。后来人们逐渐把祭祀炎帝黄帝的活动结合在一起，其中又以祭祀黄帝为主，时间多在三月三，因此种种因素下四月四祭祀炎帝逐渐不为人所知。后来清明节又融合了三月三上巳节、寒食节，四月四就更不为人所知了。

3. 星象崇拜

织女星为夜空中一颗特别明亮的星，因其运动轨迹特别像织布机上的两个部件——梭子和扣子，所以人们形象地称之为织女星。南朝萧统所编录之汉代佚名诗歌《迢迢牵牛星》云：“迢迢牵牛星，皎皎河汉女。纤纤擢素手，札札弄机杼。”形象描述了以织女星为参照的人格化织女的现实情景。现代星象图（图

1-146）中将织女星、牛郎星和天津四三个亮星组成一个大大的三角形，天鹰座的牛郎星和天琴座的织女星隔着银河相望，天津四则跟周围的九颗星组成天鹅座，形状就像一只朝着牛郎织女飞去的大鸟，或许古人就因此把它看成喜鹊。魏晋南北朝时期，神仙鬼怪类小说十分盛行，《月令广义·七月令》引南朝梁殷芸《小说》："天河之东有织女，天帝之子也，年年机杼劳役，织成云锦天衣，容貌不暇整。天帝怜其独处，许嫁河西牵牛郎，嫁后遂废织纴。天帝怒，责令归河东，许一年一度相会。涉秋七日，鹊首无故皆髡，相传是日河鼓与织女会于河东，役乌鹊为梁以渡，故毛皆脱去。"《小说》将天上的织女星和旁边的牛郎星联系在一起，演化出牛郎织女的神话爱情故事。慢慢地七月初七便由乞巧节演变成了歌颂爱情的七夕节。

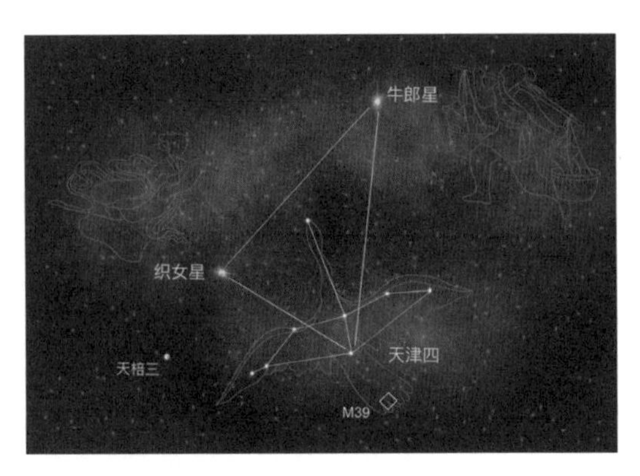

图1-146　星象图（肖植冈绘）

三、节日习俗

七夕节作为中华民族传统的节日，在历史的长河中除了"牛郎织女"的爱情故事广为传颂，也留下诸多习俗，如穿针乞巧、蛛网乞巧、投针验巧、巧芽验巧、吃巧果和拜魁星等。

1. 穿针乞巧

乞巧最初的方式是"穿针乞巧"（图1-147），一般是指七夕节当晚女孩子们要用五色丝线连续穿过排列的七孔针（或五孔针、九孔针），将线快速全部穿过者称为"得巧"。此习俗最早见于汉代刘歆著，东晋葛洪辑抄的《西京杂记》："汉彩女常以七月七日穿七孔针于开襟楼，人具习之。"此后又多见于历朝历代文献，如南北朝宗懔《荆楚岁时记》："七月七日，是夕人家妇女结彩楼穿七孔外，或以金银鍮石为针。"南北朝末期顾野王《舆地志》："齐武帝起层城观，七月七日，宫人多登之穿针。世谓之穿针楼。"五代王仁裕《开元天宝遗事》：“七夕，宫中以锦结成楼殿，高百尺，上可以胜数十人，陈以瓜果酒炙，设坐具，以祀牛女二星，妃嫔各以九孔针五色线向月穿之，过者为得巧之候。动清商之曲，宴乐达旦。士民之家皆效之。”元陶宗仪《元氏掖庭录》更是详细记载了穿针乞巧的方式：“九引台，七夕乞巧之所。至夕，宫女登台以五彩丝穿九尾针，先完者为得巧，迟完者谓之输巧，各出资以赠得巧者焉。”由此可见传统乞巧文化在民间广泛流传。

图1-147　穿针乞巧（赖怡欣绘）

2. 蛛网乞巧

据《西京杂记》记载：“蜘蛛集而百事喜。”可见在汉人眼中，蜘蛛聚集，是象征百事吉祥喜事。蛛网乞巧（图1-148）最早见于南北朝宗懔《荆楚岁时记》：“是夕，陈瓜果于庭中以乞巧。有喜子网于瓜上则以为符应。”五代王仁裕《开元天宝遗事》：“七月七日，各捉蜘蛛于小盒中，至晓开；视蛛网稀密以为得巧之候。密者言巧多，稀者言巧少。民间亦效之。”据此大概可以得知蛛网乞巧的来历，不同的是穿针乞巧是通过人的技艺来判定是否得巧，而蛛网乞巧则是通过蜘蛛结网来判定女孩是否得巧。宋朝孟元老《东京梦华录》载，七夕节“以小蜘蛛安合子内，次日看之，若网圆正谓之得巧”；宋周密《乾淳岁时记》载，七夕节“以小蜘蛛贮合内，以候结网之疏密为得巧之多久”；明田汝成《熙朝乐事》载，七夕节“以小盒盛蜘蛛，次早观其结网疏密以为得巧多寡”。由此可见，“得巧”在历朝历代不同，南北朝时看有无结网，唐朝时看网的稀密程度，宋时则看网是否圆正，后世多遵唐俗。此习俗现今已鲜少有人知晓，曾经流传千载的习俗悄然绝迹。

图1-148　蛛网乞巧（魏睿澎绘）

3. 投针验巧

图1-148　投针验巧（魏睿澎绘）

关于民间七夕节“投针验巧”（图1-149）习俗具体过程的记录最早见于明刘侗《帝京景物略》：“七月七日之午丢巧针。妇女曝盎水日中，顷之，水膜生面，绣针投之则浮，看水底针影。有成云物花头鸟兽影者，有成鞋及剪刀水茄影者，谓乞得巧；其影粗如锤、细如丝、直如轴蜡，此拙征矣。”清代于敏中《日下旧闻考》引《宛署杂记》说：“燕都女子七月七日以碗水暴日下，各自投小针浮之水面，徐视水底日影。或散如花，动如云，细如线，粗如锥，因以卜女之巧。”文献中明清两代关于“投针验巧”的方式大同小异，即都是将提前准备好的“鸳鸯水”（井水跟河水混合或者白天的水和夜晚的水混合）倒入盆中，在露天的环境放一天一夜，针投进去可以浮在水面生成的薄膜上，根据针在水中的影子来判定是否得巧。清代诗人吴曼云在《江乡节物诗》中写道：“穿线年年约北邻，更将余巧试针神。谁家独见龙梭影，绣出鸳鸯不度人。”这首诗写的就是“投针验巧”，除了乞求高超的手艺外，还有乞求配一个如意郎君之意。

4. 巧芽验巧

“巧芽验巧”（图1-150）与“投针验巧”类似，据《临晋县志》记载：“七夕先期，以麦、豆浸瓦器内，生芽六七寸许，谓之巧芽。是夕，儿女掐麦豆芽尖，置盂水上，曰漂针试巧。视针影作笔尖、鞋底之状，以为得巧。”即将针换成麦芽或豆芽，观其影而知巧。

图1-150　巧芽验巧（肖植冈绘）

在西安市周至县豆村至今仍有“巧芽验巧”的习俗。当地在农历的六月初六就开始用清水泡以豌豆为主的五色粮食，泡出的嫩黄芽儿就是“巧芽”。按当地习俗要是不出芽今年的掐巧芽验巧就不能进行，出芽才能“请”七仙女。掐巧芽的都是村里的少女，在七仙女神像前掐出一寸长的短节，投放于清水盆里，观其影知前程：若影子像锄头，就说女孩要嫁给农夫；影子像支笔，寓意嫁给读书人；若影子像一条线或一朵花，就认为该姑娘心灵手巧；若像一根椽、一条檩，就认为该姑娘手笨。这些林林总总的“巧形象”构成了古代民间对女性灵巧能力的基本辨识，也间接反映出农耕文明下对女性的社会要求。

5. 吃巧果

巧果是一种油炸的小点心，因为“巧”与“桥”同音，民间认为在七夕节吃巧果可以帮助牛郎和织女搭上鹊桥让他们相会，且女孩子还会因此变得像织女一样心灵手巧。

6. 拜魁星

七月初七是魁星（图1-151）生日，浙江、福建、台湾等地方的人们在这一天有拜魁星的风俗。清代董天工《台海见闻录》卷二：“七夕为乞巧会，家家设牲醴、果品、花粉之属，夜向檐前祝七娘寿。或曰：魁星于是日生，士子为魁星会，竟夕欢饮。”据现代学者张晓雪在《科举时代的造神：魁星崇拜研究》一文中提到：拜魁星之俗在清代以前难寻其踪迹，这或与传统“科举神祇”认知观念中由“奎星崇拜”到“魁星崇拜”的转变有关。到了清代，拜魁星习俗常出现在一些文人诗词中，如清代学者郑大枢《台湾竹枝词·七夕》云：“今宵牛女度佳期，海外曾

图1-151　魁星踢斗（印沁堂收藏）

无鹊踏枝。屠狗祭魁成底事，结缘煮豆始何时。”直至今天各地的魁星楼香火依旧非常旺盛，或许是因为从古至今中国人素将读书看作人生之大事，家长更是期盼孩子能够金榜题名，所以该习俗延续至今，长盛不衰。

四、节俗年画

从乞巧节演变成七夕节与民间传说的牛郎织女有着密不可分的联系，年画在其中也有着丰富的表达。清代河北武强年画《牛郎织女》（图1-152）以浓缩的手法，选择了四个典型的片段“莲池洗澡”“大拜华（花）堂”“耕织度日”和“王母画河”，把牛郎织女悲欢离合的故事梗概表现了出来，构图匀称饱满，色彩强烈，装饰性很强。

清代高密扑灰年画《乞巧会》（图1-153）描绘的是女子七夕乞巧的情景；下部描绘牛郎的故事，点明乞巧是在牛郎织女七夕相会的日子。

山东高密年画《天河配》（图1-154）中牛郎的样子像书生一样儒雅清秀，后方丫鬟手拿拂尘，此画为对画，在另一张中描绘的是织女的形象，合起来描绘的是牛郎织女拜堂成亲的场景。

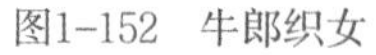
图1-152　牛郎织女

图1-153　乞巧会（印沁堂收藏）

图1-154　天河配（印沁堂收藏）

山东潍坊窗旁画《四季平安　财神保佑》（图1-155）中牛郎和织女分列两旁，像是隔着银河相望。左边的花瓶底下写着“牛郎星”，瓶子上描绘牛郎穿上老黄牛的皮担着孩子上天追赶织女的场景；右边的花瓶底写着“天河配”，描绘

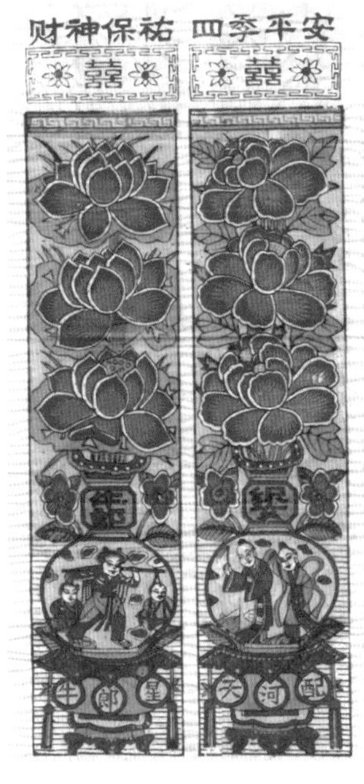

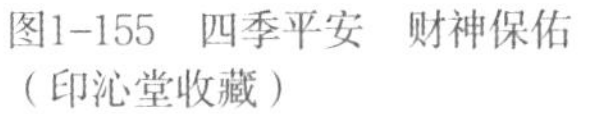

图1-155　四季平安　财神保佑（印沁堂收藏）

图1-156　牛郎织女

的是牛郎面前被王母划出天河，他和织女只能隔河相望不能相见的场景。

清代山东潍坊年画《牛郎织女》（图1-156）之“七夕相会”，从画中可以看到图中出现了两个牛郎，类似今天连环画的结构。左边这个牛郎在织女被抓后跟金牛星述说，金牛星告诉他上天的办法。于是就有了右边的这一幕，牛郎带着两个孩子追上天，但又被天河阻挡，这时候喜鹊飞了过来，架起桥让他们相见。

五、小结

乞巧之美，美在对女性聪慧的心灵和灵巧的双手的赞美；七夕之美，美在对人间爱情的礼赞。两种美都深刻体现了中国人重视家庭的文化传统，也共同指向百姓对美好生活的礼赞。

第十二节 中秋

一、节日简介

中秋节，农历的八月十五，又称“仲秋节”“八月半”“八月节”。围绕中秋节的活动因都与月亮有关，故又俗称“追月”“玩月”“月节”“拜月”“月夕”。中秋节的月亮是一年中最圆满的，因而又叫“团圆节”。2006年5月20日，国务院将其列入首批国家级非物质文化遗产名录，自2008年起中秋节被列为国家法定节假日。

二、节日由来

“中秋”一词，最早见于《周礼》：“中秋夜迎寒”。在这个时间节点，恰逢农耕收获时节，一方面节日以庆祝丰收、享受美食为重点，另一方面与上古星辰崇拜文化源流相关。人类文明产生源自对天地与自然的崇拜，理论上作为与地球万物关系至密的太阳和月亮成为古人优先崇拜的对象——由于人类所处的地球本身身处于太阳系，古人自然认为太阳是诸神的主宰，很多神话故事都以太阳为中心，如羲和（上古太阳女神）生日、羿射九日、夸父逐日等，这些都是当时人类对太阳崇拜心理的直接投射；但和太阳相比，人类对月的崇拜情况似乎相对复杂，我们也只能凭推测大概认为：在阳光褪去，整个世界陷入一片黑暗和寂静时，人们难免陷于恐慌之中；月亮的升起，多少给大地带来些光明，可为人类驱散恐惧、带来便

利。月亮带来光的同时却不能给世间带来如阳光般的温暖，因此古人认为月亮为水、属阴，再加上与人类性别之男女及阴阳关系的对应（民间常将之对应于女性），也就出现了男不拜月（月属阴），女不祭灶（灶火属阳）的说法。

1. 庆丰收

1973年，青海省大通回族土族自治县发掘了一处新石器时代墓地，其中一件马家窑文化舞蹈纹彩陶盆异常引人注目：陶纹图案为绕盆沿三组舞人剪影形成圆圈，描绘的是原始先民的生活场景。（图1-157）画中人物造型简练明快、动作生动活泼，不仅真实地再现了先民们群舞的热烈场面，更形象地传达出他们用舞蹈来庆祝丰收的精神愿景。五千年前的农耕史中人类与土地和自然紧密相连，庆祝丰收成为农人们一年中最重要的仪式之一。

图1-157　舞蹈纹彩陶盆

“民以食为天”，食物是人类生存之根本。传统农业社会中最能体现农作物收成景象的季节是秋天，从时令来说，中秋恰是“秋收节”，唐代诗人李绅所写的《悯农·其一》“春种一粒粟，秋收万颗子”以“春种”“秋收”概写古代平民百姓的生产劳作，从“一粒粟”化为“万颗子”既生动地体现了秋收时的丰收场景，也表达了百姓丰收时的充盈与喜悦之情，这种充盈与喜悦的关系也常被展示于各类热闹的民俗节事活动形式（参与人群的广与表现形式的夸张与多样）和民间美术作品的风格（构图的满与色彩的艳）中。

2. 唐王游月

相传，唐开元年间的中秋之夜，唐明皇曾邀请申天师及鸿都道人一同赏月，三人赏月把酒言欢。唐玄宗看天上的景色很好，即产生想要到月宫上面游玩的念头。于是便叫术士作法，让他飞上月宫。杨柳青年画《唐王游月》（图1-158）中描绘的就是这一场景，从画中可以看到月宫中亭台古树、仙雾缭绕，众仙女婀娜多姿，在美妙乐音的伴奏下翩翩起舞。托塔李天王父子、长眉老祖、南斗星、北斗星等众仙家也一起到来。传说唐玄宗精于音律，他回来后，想起了月宫里的仙子们翩翩起

图1-158　唐王游月

舞，命伶官据此创作了一支舞曲，历史上著名的“霓裳羽衣舞”便是由此而来。

八月十五，中秋时节，秋高气爽，月朗中天，正是赏月的最佳时令，人们多爱此时赏月，自唐之后逐渐演变为节令，中秋节便逐渐走向大众，成为古人节俗生活中浓重的一笔。

三、节日习俗

中秋节作为中华传统代表性节日之一，在漫长的历史演变中既形成了较为广泛和通行的陈规，同时也保留了一些独具地方特色和民族特色的旧俗，如祭月、赏月、拜“兔儿爷”、吃月饼、观潮、摸秋、饮桂花酒、玩花灯、舞火龙等。中秋不仅是人们庆祝丰收、追求物质享受的好日子，也是人们寄托对家乡和亲人的思念、渴望团聚和幸福的时刻。

1. 祭月、赏月

祭月，是我国古代祭祀“月神”的一种仪式。春秋时期的《管子·轻重己》中就记录了天子祭月的隆重场面：“秋至而禾熟，天子祀于大惢，西出其国百三十八里而坛，服白而绕白，搢玉揔，带锡监，吹损篪之风，凿动金石之音。

朝诸侯卿大夫列士，循于百姓，号曰祭月。”西汉戴圣《礼记》也有相关记载：“天子春朝日，秋夕月。朝日以朝，夕月以夕。”天子祭月的习俗后经大臣们纷纷效仿，最后流行到民间。作为全国经济和文化发展相互交融的两汉时期民俗文化的传播达至兴盛，中秋节祭月习俗开始盛行于汉代。

祭月的另一种形式为拜“月娘”，直到如今，该习俗仍广泛流行于广东潮汕地区（图1-159）。拜月娘的人群多为妇女和小孩，男人基本不参与（这也印证了男不拜月、女不祭灶的传统俗规）。拜月时多在阳台、天台或庭院等露天的场所进行，一般是吃完晚饭之后，由妇女带领孩子摆桌设供，拜“月娘”的贡品也是极为讲究，除了平时拜神所需的“大金”之外，还有做工非常精细讲究的纸塔、金山。柚、柿、林檎、芋头等果蔬，以及当季物产和月饼、煎堆、糕点等食物也会一齐登场。设供之后对月娘进行祭拜，在心里向月娘许愿，许愿完毕将线香插入香炉中对着“月娘”跪拜，而后去赏月，赏月过程中还会再祭拜一次，在烧祭祀用品前最后拜一次整个仪式才算结束。

对中秋明月的歌颂和咏怀也常见于传统诗词歌赋，宋朝苏轼所作的《水调歌头》：“不知天上宫阙，今夕是何年……不应有恨，何事长向别时圆？人有悲欢离合，月有阴晴圆缺，此事古难全。但愿人长久，千里共婵娟。”这首词是苏轼赏月时所作，对月当空表达了对弟弟苏辙的思念之情。在词的最后说：“但愿人

图1-159
潮汕拜“月娘”
（肖植冈绘）

长久，千里共婵娟。”“婵娟”是指美好的样子，但在这里指代明月。古人认为离别是难免的，只要亲人长久健在，哪怕相隔千里也可以通过明月把彼此的心连在一起。

现代社会过中秋相对传统习俗则简化很多，更多的家庭选择在中秋节团聚，通过聚餐、赏月等活动完成。在明月照天的情境中素心对月、各抒己怀，将自己的愿望与期盼寄托在皎洁的月亮上：有的希望事业更上一层楼，有的希望婚姻幸福，有的希望家庭美满。

2. 拜“兔儿爷”

拜“兔儿爷”是北京地区中秋节特有的习俗，“兔儿爷”里的“兔”就是指兔子，“儿”是北京话里的儿化音，并没有实际的意思；“爷”在这里是神的意思。据明代纪坤《花王阁剩稿》记载：“京师中秋节多以泥抟兔形，衣冠踞坐如人状，儿女祀而拜之。”由此可见明代就有拜“兔爷”的习俗。现代学者薄松年则认为，“北京的泥兔儿爷出现较晚，形象塑造上明显受到民间传说和月光神码的影响”，他引用明陆启泓《北京岁华记》：“中秋夜，人家各置月宫符象，符上兔如人立；陈瓜果于庭，饼面绘月宫蟾兔；男女肃拜烧香，旦而焚之。”这里的月宫符象指的就是民间年画中的月光神码。

关于民间“兔儿爷”的传说：有一年北京城很多人都得了一种怪病，吃什么药都治不好。月亮上的嫦娥看到后十分难过，于是便在八月十五这一天，派负责捣药的玉兔到人间为百姓们治病。玉兔来到人间后化为女儿身，不方便抛头露面，便向韦陀借了金盔金甲穿上为人们治病，为大家治完病之后累得不行，还衣服时倒在寺庙山门外旗杆下。后来人们为了感谢“兔儿爷”，就在每年的中秋节将“兔儿爷”请回家中祭拜，希望能够保佑亲人身体健康。在来年的中秋节到来之际，再将请来的“兔儿爷”送走，预示着灾病也跟着“兔儿爷”离开了。“兔儿爷”发展到后期逐渐演变为中秋时节的一种儿童玩具（图1-160），在手艺人的理解下被塑造为许多不同的形象，有的仿照传说把“兔儿爷”做成金盔金甲的武士，有的骑着狮子或老虎，有的背插纸旗或坐或立，十分讨人喜欢。

图1-160　兔儿爷

3. 吃月饼

冬至吃饺子，元宵吃汤圆，端午吃粽子，中秋吃月饼，这些时令与美食之间的关系似乎早已刻在中国人的心里。月饼最初是以祭祀月神的贡品出现，后来人们逐渐把中秋赏月和品尝月饼作为一家人团圆的象征。月饼的馅料五花八门，如五仁、蛋黄、莲蓉、红豆等，但月饼作为人们对团圆和幸福生活的向往和赞美之意却始终如一。

关于月饼的记载在南宋周密的《武林旧事》中有所涉及："市食点心，四时皆有，任便索唤，不误主顾。且如蒸作面行卖四色馒头、细馅大包子，卖米薄皮春茧、生馅馒头、饨子、笑靥儿、金银炙焦牡丹饼、杂色煎花馒头、枣箍荷叶饼、芙蓉饼、菊花饼、月饼、梅花饼、开炉饼、寿带龟仙桃、子母春茧。"可见当时市食点心的种类繁多，月饼便在其内。明代田汝成所著《西湖游览志余·熙朝乐事》文中说："八月十五日谓之中秋，民间以月饼相遗，取团圆之义。是夕，人家有赏月之宴。"明吕毖《明宫史》也写道："自初一日起，即有卖月饼者……至十五日，家家供月饼瓜果，候月上焚香后，即大肆饮啖……曰'团圆饼'也。"可见彼时月饼已成为中秋佳节的必备美食。

4. 观潮

中秋观潮习俗早见于苏轼的钱塘看潮七绝之《八月十五日看潮》："定知玉兔十分圆，化作霜风九月寒。寄语重门休上钥，夜潮留向月中看。"在众多海潮中，以钱塘江海潮最为壮观。每到中秋节前后，钱塘江的海潮比平时大潮更加奇特，潮头犹如千军万马，山飞云走，声势浩大。历代文人多有题咏。苏轼这组七绝，便是其中的佳作之一。周密的《观潮》也对钱塘江观潮有过一段精彩的描写："方其远出海门，仅如银线；既而渐近，则玉城雪岭际天而来，大声如雷霆，震撼激射，吞天沃日，势极雄豪。"由此可见钱塘江潮水的气势磅礴。

为何钱塘江成了历代中秋观潮的胜地，它与其他地方有何分别？从地理学的角度来看，形成波澜壮阔的潮水或与其地理位置以及地形因素有关：从地理位置上看，每年中秋这一天是钱塘江离月球最近的一次，海水受到月球引力的影响最大，因此潮水也比平时大；从地形上来看，钱塘江入海口呈喇叭状，江口大而江身小，这样宽阔的江口，海水倒灌到钱塘江中。之后，潮水从杭州湾进入，到达六和塔地带的两岸逐渐收窄，由于两岸逐渐收窄，在引力的作用下，潮水的速度逐渐加快，以每秒十几米的流速向前推进。而此时钱塘江流出的江水却因为潮水上涌的因素，难以向外排泄，使得江水的水位接连上涨，加强了潮势。加上浙江沿海一带夏秋季节常刮东南风，得到风力的加持，潮水的声势也愈发高涨。潮头便形如立墙，势若冲天，举世闻名的观潮胜景便由此形成。（图1-161）

图1-161　观潮（肖植冈绘）

5. 摸秋

摸秋，亦称作“偷秋”。俗话说：“八月半摸秋不算偷。”摸秋据说起源于元朝末年，相传当时淮河流域出现了一支农民起义军，这支队伍治军严明深受百姓爱戴。一天，起义军转移到淮河岸边，为了不打扰当地的百姓，便露天驻扎。有几位士兵非常饥渴，便私自在田间摘瓜果充饥解渴。后来被首领知道了，便打算将他们按军法处置，村民们知道后，于心不忍，便纷纷为他们求情，为了让他们免于受罚，有一老者随口说道：“八月摸秋不为偷。”偷瓜果的士兵也因此免受责罚，因恰逢中秋节，自此便留下了“摸秋”的习俗。

后来每到中秋节，家家户户吃过团圆饭后，摸黑出门，偷偷溜到别人家的田地里“摸”瓜果“偷”蔬菜，这便是“摸秋”（图1-162）。但摸秋也是有规

图1-162　摸秋
（肖植冈绘）

矩的，不是随便哪家都能“摸”，而是趁着月光看谁家的瓜果蔬菜长得好，就去摸谁家的秋。关于摸秋的习俗在《中华全国风俗志》就有记载：“有夜分私取园瓜，谓之‘摸秋’，以兆生子。”中秋月夜已婚女子成群结伴偷偷去果园中摸取瓜果，不同的瓜果寓意不同，摸到南瓜预示着生男孩，摸到扁豆预示着生女孩。而未婚的女子结伴摸瓜则通过瓜果的好坏程度来预示未来丈夫的优秀程度。人们通过这种方式来庆祝秋天收成最好的人家，同时也把最浓烈的秋摸回家，愿来年与被摸秋的人家一样五谷丰登。人们期望以这种简朴的形式为自己和家庭带来祝福，在人民心中只要对未来抱以一份美好的期待，日子就有好的盼头。摸秋，“摸”到的是瓜是果、是多是少并不重要，重要的是“摸”的那份喜悦。

6. 饮桂花酒

在古代，中秋节还有饮桂花酒的习俗。早在屈原的《九歌》中，便有“援罍斗兮酌桂浆”“奠桂兮椒浆”的诗句，由此可见我国饮桂花酒的习俗由来已久。关于桂花酒的由来有一段美好的传说，相传古代两英山下住着一个很会酿酒的酒娘子，她酿出的酒醇馥幽郁，大家都愿意到她这里买酒。一年冬天，酒娘子发现家门口有一个快要冻死的流浪汉，善良的酒娘子将他带回家照料。一日，酒娘子外出回来发现男子不见了，酒娘子放心不下到处寻找，在途中遇到一白发老人喊渴，但周边又无水源，善良的她咬破手指伸到老人嘴边。此时一阵微风刮来一个装满了桂花种子的黄布袋，酒娘子打开一看，袋子上写有“月宫赐桂子，奖赏善人家”。原来，白发老人和流浪汉都是吴刚幻化的。酒娘子将种子种下，用开出的桂花酿酒，酒香浓郁，吸引了无数人来品尝，后来人间也就有了桂花与桂花酒。每逢中秋之夜，人们抬头望向明月，闻着阵阵桂香，喝一杯桂花蜜酒，甜甜蜜蜜，合家欢聚一堂，成了节日最大的享受。

7. 玩花灯

中秋节玩花灯与元宵节玩花灯不同，主要是以家庭为主，北宋《武林旧事》就记载了中秋节灯会的盛况：“灯烛华灿，竟夕乃止。此夕浙江放‘一点红’羊皮小水灯数十万盏，浮满水面，烂如繁星，有足观者。或谓此乃江神所喜，非徒事观美也。”文中记载了当时浙江灯会的盛况。在广东、广西地区，中秋节玩花灯的灯形式多样，例如广东佛山的秋色会上，就有各种形制的彩灯，稻草灯、芝麻灯、蛋壳灯、瓜子灯、刨花灯、鱼鳞灯及鸟兽花树灯等。在广西南宁一带，除了用纸竹扎的各式花灯之外，还有比较朴素的南瓜灯、柚子灯、橘子灯等。

8. 舞火龙

舞火龙（图1-163）是一种流行于粤港地区的中秋传统民俗，其中又以广州白云区的舞火龙较为出名。相传广州白云区舞火龙习俗起源于清朝咸丰年间，当地一大片区域都种植稻谷农作物，恰逢一年中秋时节虫灾泛滥，为了驱赶虫害，家家户户把火把点燃插在田间烧，发现虫害大大减少。自此，在田间燃烧火把的驱虫方式逐渐演变成热闹的舞火龙活动，每到中秋节前，当地的村民用竹篾、草藤、树皮、树叶等扎制成一条长龙，在中秋节傍晚，村里的舞龙者将制作好的长龙抬到祠堂，将香火点燃并插满龙身，舞动龙身，游街过巷，舞龙珠的前后倒走、右跳左转、引动龙头左右摆动。意在祈祷来年国泰民安、风调雨顺、五谷丰登。

图1-163　舞火龙（肖植冈绘）

四、节俗年画

图1-164　月光纸马

北京纸马《广寒宫太阴皇后星君》《月光》（图1-164）（月光纸马通常为木刻版水彩印制的神像）为传统中秋祭月所用神像纸马，绘有月神和月宫。月光纸马一般描绘的都是满月的景象，画中月光普照，月光菩萨和侍从站在祥云上，后面是月宫桂殿，前面的玉兔手持执杵捣着臼中的仙药。

前文提到古人认为日为阳，月为阴，故太阳星君为男性形象，月神则为女性形象。月光纸马（图1-165）画中月神着盛装，戴华冠，脚踩莲花座，捧圭肃立，后有侍从执扇。殿檐挂上了灯笼，屋角有铁马（风铃），庭旁种了桂树，还

图1-165　月光纸马

图1-166　月宫牌楼（苏州市公共文化中心收藏）

有玉兔在捣长生不死之仙药。栏柱两旁对联为“敬天地风调雨顺，贺日月国太（泰）民安”，横幅为“月光菩萨”。

除纸马之外，年画《月宫牌楼》（图1-166）同样用于中秋节祭祀，祭祀之后焚烧月下。月宫牌楼绘凤凰牡丹，双龙绞柱，鲤鱼跳龙门和玉兔，上写“月宫”，两旁写有“此夜齐闻香馥郁，今宵共庆月团圆”的对联。

天津杨柳青年画《果仙敬月图》（图1-167）描绘了中秋节拜月的场景，右边有三个妇女和一个小女孩，她们在摆满祭品的供桌前祭拜，旁边还有一个小孩

图1-167　果仙敬月图

子两手作揖跪地而拜，此时的天空也热闹非凡，有抱着寿桃的寿星，有踩着桂花枝的孩童（象征多子），八仙、钟馗等一众神仙带着各自准备的佳果，正往月宫去。

唐代元凛《中秋夜不见月》诗云："蟾轮何事色全微，赚得佳人出绣帏。"其中的"蟾轮"喻圆月。这幅年画《拱向蟾轮》（图1-168）描绘了幽静庭院内，一女子在两个男童的陪伴下学拜月。年画中款题云："十五学拜月，拜月十五夜。心自重月圆，何尝愿早嫁。"作品生动地展现了古时女性在中秋之夜祭拜月亮以求姻缘的习俗。

天津杨柳青年画《庄家（稼）人乐庆丰年》（图1-169）描绘了古人庆丰收祝的场景，在画的右下方有一家人正在结满瓜果的农作物旁野餐，周围堆满了柿子、南瓜、莲藕等，坐在垫子上的大人在享受丰收的果实，小孩子在旁边嬉戏打闹，远处还有几个人正在采摘果实，河上的船夫满载而归，岸边还有两人抬着一条大鱼，丰收的喜悦写在了每个人的脸上，整幅画面呈现出一片喜庆兴旺的欢乐景象。

图1-168　拱向蟾轮

图1-169　庄家（稼）人乐庆丰年
（日本早稻田大学收藏）

图1-170　桂序昇平图（中国国家博物馆收藏）

清代杨柳青年画《桂序昇平图》（图1-170）记录了当时儿童拜“兔儿爷”的情境，整幅画描绘了在伞盖下威武的“兔儿爷”坐在案桌上，“兔儿爷”的面前供奉着月饼、桃子和西瓜等；案桌前两个孩童在跪拜，年龄大一点的孩子教年龄小的孩子跪拜礼仪，两个孩子憨态可掬，十分惹人喜爱；桌案旁有一个童子正在击磬，另外有三个童子正在吹奏嬉闹。这幅画生动地表现了在中秋节这一天老北京、济南等地区流行的祭祀“兔儿爷”的活动场面。

五、小结

月是故乡明。人类把很多美好的情感寄托于一轮明月，借月抒情，赏月忘情。月亮就像一面镜子，在为人类漆黑的夜空带来光芒的同时也映照着世间的冷暖和沧桑，在历史的流金岁月里化作一段段故事感怀古人、启发现事。

第十三节　冬至

一、节日简介

冬至在每年公历的12月21日—23日中的一日，又有数九、冬节、长至节、亚岁等别称，是中国传统重要节日之一。冬至的发展大概萌芽于先秦时期，到汉代定型，再经魏晋南北朝文化的浸染，到唐宋达至鼎盛。冬至同时作为二十四节气之一，在古代有“冬至大过年”的说法，据宋代李昉《太平御览·卷二十八·时序部》引《孝经说》和《三礼义宗》注释，“冬至”有三层意思：“一者阴极之至，二者阳气始至，三者日行南至。”即以冬至为界，此时为“一阳生”——阴气到达顶点，阳气开始生发。

二、节日由来

早在春秋时期，古人便已经通过天象测定出冬至，它也是二十四节气中最早被测定出的节气。据《周礼》载：“冬至，日在牵牛，景长一丈三尺。夏

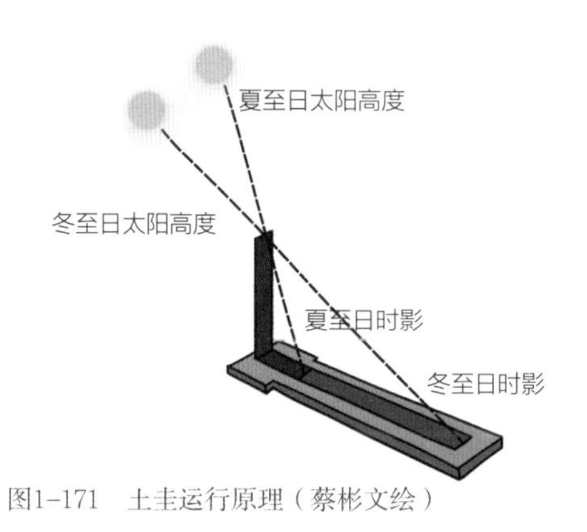

图1-171　土圭运行原理（蔡彬文绘）

至，日在东井，景长尺有五寸。”古人通过测量太阳照射土圭（一种专门用来测量日影长短的工具）影子的长度来判定冬至和夏至。关于土圭据《尚书·尧典》载：“土圭始于尧帝时”——也就是说这种工具早在尧舜禹时期就已经出现，具体方法为：在地面上垂直立一根杆，通过观察记录它在太阳照射下正午时影子的长短变化来确定季节的变化。（图1-171）通过观察发现：冬至日这天日影最长，即代表太阳距离地球土圭方位的距离最远，这时白天最短夜晚最长，自冬至日后，开始慢慢地白天变长夜晚变短，直至夏至日此关系发生倒转。自此确定了冬至和夏至这两个节气。

古人将黑夜白昼对应阴阳，所谓“阴极之至，阳气始生”，冬至时（北半球）阴气达到了极点，阳气开始慢慢生发，这种饱含新生的意味在古人看来是值得庆祝的。据《续汉书·礼仪志》记载：“冬至前后，君子安身静体，百官绝事，不听政。”大概的意思是：冬至的前后几天，百官上下不处理朝政，全民休养生息。这种顺应天时的做法渐渐地沉淀为中国传统文化中的一个重要内容，并随着历史时空的交融衍生出诸多习俗，冬至自此也成了民间修身养息的节日，代代相传延续至今。

三、节日习俗

古人以为冬至为阴阳交替新轮回的起点，乃大吉之日，值得庆祝，所谓“冬至大过年”。传统意义上的冬至以年为象征，自然衍生出很多极具年味的传统习俗，如冬至祭祀、娇耳、饺子、数九、写九、画九等。直至如今，中国民间仍视冬至为一个特别重要的传统节日，延续着部分传统习俗。

1. 冬至祭祀

冬至祭祀的习俗据说源于上古的“腊祭”。据《周礼·春官·神仕》载：“以冬日至，致天神人鬼；以夏日至，致地示物鬽，以禬国之凶荒，民之札丧。”大意是：在冬至日拜（祭祀）天神和人鬼，在夏至日拜（祭祀）地神和百物神，举行祭祀活动来消灭国家的荒灾和疫病侵害。由此可见古人在冬至祭天，夏至祭地，到后来祭祀鬼神活动延伸出冬至祭祖的活动，逐渐形成了天子在郊外祭天（图1-172），百姓祭祖的习俗延续至今。冬至祭祖（图1-173）又分为家祭

图1-172　祭天（唐辉能绘）

图1-173　祭祖（唐辉能绘）

与族祭。家祭多以家庭为单位在家祭祀，族祭则多在宗族祠堂进行，以潮州厦寺陈氏族祭仪式为例：厦寺陈氏族祭仪式于早上六点钟在宗祠内举行，在祭祀开始前，由宗族的族老打开祖龛龛门，然后开始摆设供品。供品一般是供桌上摆放二十四杯茶、酒，二十四双筷子、一份五牲（猪、鸡、鸭、鹅、鱼）、一个猪头、一盘红桃粿等。吉时到了之后各房长老代表按照流程开始祭祖。

2．娇耳、饺子

冬至吃饺子的习俗至今普遍流行于中国民间，冬至与饺子的联系据说始于一段与“医圣”有关的故事。相传东汉末年寒冬，医圣张仲景在辞官返乡途中看到很多百姓的耳朵都被冻烂，于心不忍，便吩咐下人搭棚架锅，将羊肉、辣椒和一些驱寒的药材切碎、煮熟，再用面皮包成像耳朵样的“娇耳”煮熟之后分给老百姓，老百姓吃了之后两耳发热，冻伤的耳朵也就好了。后人不忘医圣张仲景的恩情，学着把食物包成饺子在冬至这天食用以示纪念，至今河南南阳仍有“冬至不端饺子碗，冻掉耳朵没人管”的民谣。

3．数九、写九、画九

所谓“数九”，就是从冬至那天起算，每九天算一九，一共数九九八十一天，这期间大地经历了从严寒到春回大地。古时人们房屋避寒条件相对落后，尤其是在北方严寒地区，漫长的寒冬使人的活动范围大受限制，“数九”或是人们为打发无聊时光、排解寒意而发明的相对有效之举。据南北朝宗懔《荆楚岁时记》载：“俗用冬至日数及九九八十一日，为寒尽。”可见该习俗至少在南北朝时就已经存在。后来在“数九”的基础上又逐渐衍生出“写九”和“画九”的习俗。“写九”，实际就是填描书法。一幅书法作品上面九个字，每个字都是九个笔画（如“亭前垂柳珍重待春風（风）”），从冬至始每天填写一笔，每填满一个字就代表过完了一个九，直至写完九个字；“画九”就是在画上填色，比较流行的玩法就是在梅花上填色（即由九朵梅花、每朵梅花九瓣构成），如刘侗、于奕正的《帝京景物略》中记载：“日冬至，画素梅一枝，为瓣八十有一，日染一瓣，瓣尽而九九出，则春深矣，曰‘九九消寒图’。”

四、节俗年画

数九消寒，冬至的年画多与习俗“九九消寒”有关，一般统称为“九九消寒图”。

图1-174　亭前垂柳珍重待春風（风）

九九消寒图常结合“写九”与“画九”，玩法众多，比如“写九”中的描书法，据《清稗类钞·时令类》中记载：“宣宗（即道光皇帝）御制词，有‘亭前垂柳珍重待春風’二句，句各九言，言各九画，其后双钩之，装潢成幅，曰‘九九消寒图’。”这里讲的“写九”就是描书法：一共有九个字，每个字都九笔，冬至开始每天描一笔，九个字描完的时候，就是春色满园之日。图1-174即挂在故宫养心殿寝殿暖阁旁雕花隔断上的“写九”图。

清富察敦崇《燕京岁时记》记录了一种涂圆圈（图1-175）“画九”的玩法：“九九消寒图乃九格八十一圈。自冬至起，日涂一圈，上阴下晴，左风右雨，雪当中。”意思就是九九消寒图里面有九个格，每一格有九个圈，一共九九八十一个圈，从冬至这一天开始，每天涂一个圈，阴天涂上，晴天涂

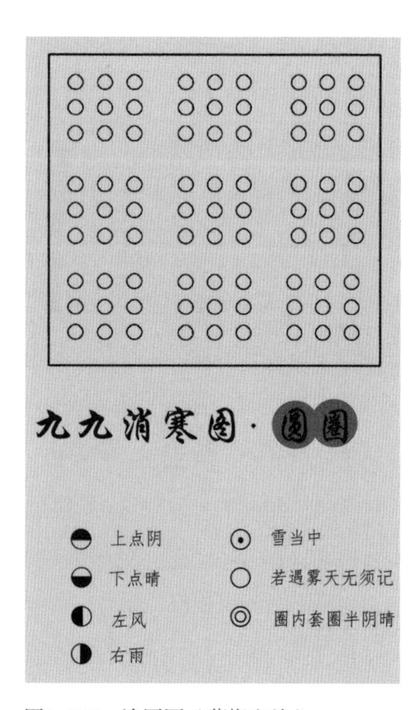

图1-175　涂圆圈（蔡彬文绘）

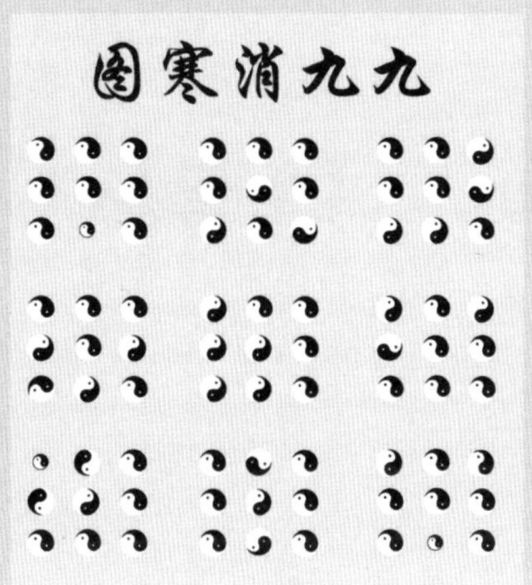

图1-176　阴阳鱼涂法（魏睿澎绘）

下，左边涂风，右边涂雨，雪天涂在正中间。涂圆圈九九消寒图民间流传较广，宫廷则盛行阴阳鱼涂法，根据清朝末代皇帝溥仪的相关档案记载，在他小时候九九消寒图有两种“画圈”式消寒图（图1-176）的进阶玩法——将其标注形式略做改进，画成一个阴阳鱼，像一黑一白的两条鱼。

除了涂圆圈外，还有涂色（图1-177）的方式，如完颜佐贤《康乾遗俗轶事饰物考》载：“晴涂红色，阴蓝色，雨涂绿色，风涂黄色，雪可以空白不涂，

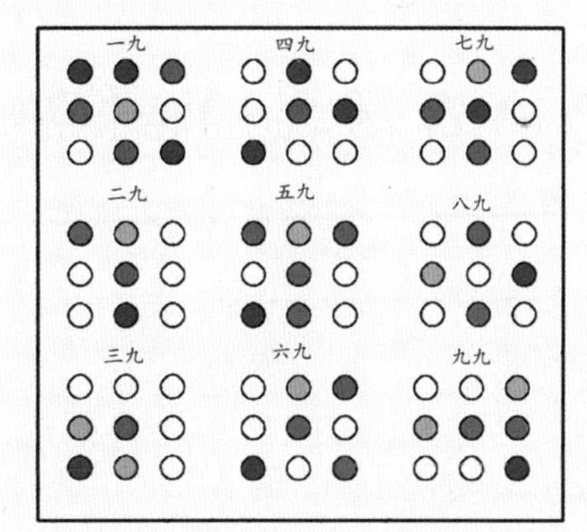

图1-177　涂色（蔡彬文绘）

或填铅粉。九九完成，已是冬去春来，每格笔画颜色不同，五颜六色，美不胜收。”更丰富一点的玩法则跟《消寒益气歌》（图1-178）结合，一般在上面写有很长的歌词，且每个格子里九个圈构成的图案与歌名有关。

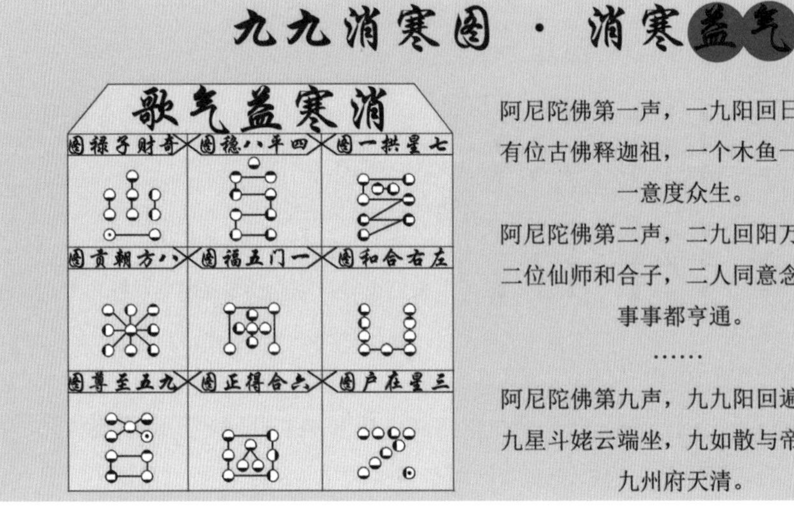

图1-178　消寒益气歌（魏睿澎绘）

画梅也是常见的九九消寒图的玩法，最常见的一种——染素梅（图1-179），九枝梅花，每枝一朵，每朵九片花瓣。与画圈的方式相同，同样是每天画一瓣，用不同的颜色染花瓣来记录天气。

图1-179　染素梅（蔡彬文绘）

九九消寒图的形式多种多样，还有“画圈”和“描字”两种玩法相结合的形式，相传1902年创作的《九九消寒图》便是其中典型。按现有资料来看，此图应是手绘，整张图（图1-180）中大部分是墨书，也有朱文。画面的正下方便是消寒图，里面有九宫格，每个格子中间有一个字，连起来是“雁南飞，柳芽香，便是春”，每个字周围还有九个圆圈待涂。九宫格两侧印有消寒图的用法：“上点天阴下点晴，左风右雨雪当中。点进图中墨黑黑，便知郊外草青青。”与前面提到的涂圆圈的玩法毫无二致，最奇特的是，在这张图中，密密麻麻地写满了消寒诗的诗句，一共四套，每套九首，共三十六首诗。

图1-180　九九消寒图

首先最外圈的一套消寒诗构成整幅图的外轮廓，内容是中国历史。上面写着“头九阴阳各初分，三皇治世万物生。尧传舜位禹传桀，武王伐纣列国分……九九闯王到北京，三贵北方借清兵。吴兵追至云南去，一统江山属大清”。第二套消寒诗在题图两侧，内容是《三国演义》。上面写的是“头九初寒正是冬，三国英雄赵子龙。长坂坡前抱阿斗，幼主头上显真龙（赵子龙长坂坡救主）。六九迎春地气温，草船借箭武侯功。七星台上东风起，赤壁用火满江红（草船借箭）”。第三套消寒诗在中腰，内容是劝孝（二十四孝）。上面写的是“头九天气寒，文帝把药尝（亲尝汤药）。蔡顺真孝母（拾葚异器），芦花闵子骞（芦衣顺母）……八九正消冰，求乳到鹿群（鹿乳奉亲）。杨香拳打虎（扼虎救父），董永自卖身（卖身葬父）。”第四套消寒诗在消寒图中，内容是传奇故事《百花赠剑》“头九冬至一阳生，海俊醉卧百花厅。公主赠剑恩轻重，点将辕门杀老宫……六九立春天渐长，杏园小姐去和番。日后夫妻重相见，梅开二度世无双……”这幅《九九消寒图》内容和形式都十分繁芜复杂，集民间多种九九消寒图的玩法于一身，图上的多首消寒诗更是民间益智、游乐、启蒙的活教材。

图1-181　六子争头（印沁堂收藏）

河南朱仙镇年画《九九消寒图》也称《六子争头》（图1-181），何为“六子争头”？仔细看年画上有三头六身：一个头共用两个身体（一个爬着，一个躺着），所以叫“六子争头”。“头”有第一的意思，即“头名”，两身共争一头，即“争头名”。除了争头之外，其实他们的屁股也是共用的，屁股也叫“腚”，同描述黄金白银的“锭”同音，所以连起来看就是六个娃娃一起“争头争锭”了。娃娃手中分别拿着寿桃（喻长寿）、柿子（喻事事如意）和苹果（喻平安），象征三元（古科举考试乡试、会试、殿试之头名）；上面还配有《九九消寒歌》：“一九二九不出……”图中间有双鱼游动象征鱼水和谐；周围的装饰还有十二生肖和象征吉祥的图案。四角装饰有四季鲜花象征花开富贵、四季平安；整个画面形象饱满、内容丰富，好不热闹！

另一幅年画《九九消寒图》（图1-182）同出于河北武强，“四子争头”和“六子争头”分列左右，整体又构成了“十子争头”，周边环绕着包括十二生肖在内的各种富有吉祥寓意的图案。这是因为在古代小孩夭折率高、成年率低，所以有个“五子十成”的词，表达了一种较强的传宗接代意识和大家业的愿望。

图1-182　九九消寒图

河北武强这张年画《九九消寒图》（图1-183）描绘了一只大老虎在拉碾子的场景，上面写歇后语：“老虎拉碾子——不听那一套”；画的右上角为杜甫的诗句：“天时人事日相催，冬至阳生春又来。刺绣五纹添弱线，吹葭六琯动浮灰。岸容待腊将舒柳，山意冲寒欲放梅。云物不殊乡国异，教儿且覆掌中杯。”年画将歇后语、诗词与九九消寒结合起来，大大拓展了九九消寒图的传统意识边界。

图1-183　九九消寒图

天津杨柳青年画《九九消寒图》（图1-184）还有戏曲类的，图中画了七个孩子，扮演了三出戏曲故事。中间洪洋洞即杨家将杨延昭梦父盗骨的事，左边南阳关为隋末伍云召反隋弃关，右边破红洲是穆桂英破天门阵的故事。这三出戏的小故事标题共九个字，都是繁体字，为了凑够九画，“羊”是用三点水的这个“洋”，“州”也同样用的是三点水的“洲”，可见创作者煞费苦心。

图1-184　九九消寒图

五、小结

在没有暖气的旧时寒冬，穷苦百姓以“数九”作乐，期盼大地早日回春，这既体现出古人面对困境时坚忍的意志和乐观的生活态度，也侧面反映了“寒门出贵子”的艰难与不易。古人将“写九”与“画九”作为寒冬难熬日子里的消遣雅事，在满载九九气象信息的年画中实现对来年收成情况的预测（所谓画图“占丰歉”），也是迎接希望的象征。

第十四节　小年

一、节日简介

小年，别名谢灶、祭灶节、灶王节，日期在每年农历十二月二十三日到二十五日之间。民间流传着“官三民四船五”的说法，意思是说：官家的小年是十二月二十三日，百姓家是十二月二十四日，而住在船上的水上人家则是十二月二十五日。

二、节日由来

从小年的别称“谢灶、祭灶节、灶王节”来看，小年和灶有关，据《释名》记载：“灶。造也，创食物也。”意思是“灶”即造——创造食物的地方，灶王也就是灶神，职责是掌管灶火，管理人间饮食。

人类自从掌握了取火技术便从动物生态链中脱颖而出，灶是人类更进一步地对控火技术的提升。距今七千至五千年前的华县泉护村仰韶文化遗址发现了一座深入地下2.9米的椭圆形地穴式房屋，考古人员在房基底部中间发现有烧过火的灶。在往后发掘的红山和龙山文化遗迹中也均有灶坑的出现。灶既可以煮饭，又可以取暖，在古人眼中灶的重要性不言而喻。

早在西汉戴圣《礼记》和东汉班固撰《白虎通》中就记载了作为“五祀”之一的祀“灶”。据《礼记·月令》记载当时祭灶是在夏天；后南北朝宗懔《荆楚岁时记》则记载南北朝时期南方人在腊八祭灶；到了北宋，“祭灶”与“交年节”（农历十二月

二十四日）结合，民间的祭灶日才固定于十二月二十四日。《东京梦华录》云："二十四日交年，都人至夜请僧道看经，备酒果送神，烧合家替代纸钱，帖灶马于灶上。以酒糟涂抹灶门，谓之醉司命。"南宋范成大（苏州人）《祭灶诗》："古传腊月二十四，灶君朝天欲言事。"可见此时的南北方祭灶日都是一致的。

元俞希鲁《至顺镇江志》卷三载："二十四夜，祭灶。"出身北方益都的元曲作家刘庭信的《折桂令》写道："才过了一百五上坟的日月，早来到二十四夜祭灶的时节。"元朝之后，十二月二十四日祭灶之俗仍然广泛流行。

明朝后期祭灶的日期开始发生了变化，刘若愚《酌中志》中记载："宫眷内臣腊月二十四祭灶后，穿葫芦景补子"。文中描述此时宫廷内仍是在十二月二十四日祭灶，但在地方志记载中已经发生了从"二十四祭灶"到"二十三祭灶"的节令嬗变，如河南《太康县志》卷四："祀灶，十二月二十三、四日"；河北《雄乘》卷上："厥廿三或廿四日暮以饼茶果祠灶，妇女不得参"；陕西《同州志》卷二："二十四日祀灶，亦有先一日者"。当然，这些记载里多处都用了"或""亦"等词句，说明即使是在最早出现二十三日祭灶的地区，两者尚处于并存过渡的状态。二十四日祭灶仍是更常见、更"正统"的祭灶时间。

清朝之后，腊月二十三祭灶的地域范围已经大大扩展。如北京《良乡县志》卷一："二十三日晚用糖祀灶卜吉"；辽宁《宁远州志》："二十三日夜祀灶神"；山东《招远县志》卷四："二十三日，暮祀灶神"。由此可见二十三日祭灶的习俗此时已在北方民间大为流行了。与此同时，虽然在京城周边州县还有居民保留着二十四日祭灶的旧俗，但二十四日祭灶已经开始被诠释为来京"南方人"的风俗。如成书于乾隆四十七年（1782）的《日下旧闻考》卷一百四十八，编者在引用了明末刘侗、于奕正的《帝京景物略》对二十四日祭灶的记载后，就加了一段"与时俱进"的按语："京师居民祀灶犹仍旧俗，禁妇女主祭。家无男子，或迎邻里代焉。其祀期用二十三日。惟南省客户则用二十四日，如刘侗所称也。"可见在《日下旧闻考》的编者看来，二十四日祭灶已经是另一地域的"南省客户"的专属了。这种交错状态，说明民间节令习俗的演化是一个渐变的过程。

三、节日习俗

小年，与年节相连，相对而言小年较为独立。在小年的诸多习俗中，祭灶尤为重要，小年称作祭灶节也不为过。

1. 祭灶

祭灶的风俗由来甚久。灶神，在夏朝便已经是民间尊崇的一位大神。先秦时期，祭灶位列“五祀”之一（五祀为灶、门、户、行、中溜五神。“中溜”即土神，另一说为灶、门、户、井、中溜；或说是灶、户、行、井、中溜）。灶神在民间被认为是一家大小事务的主管之神，是沟通人神两界、掌管福祸、连接天地的“使者”，小年祭灶便是以对灶神略带“讨好”式的恭敬转化为降福于自家门宅为目的的一种普遍民间信俗。

关于灶神人物的记载非常多，有祝融说、炎帝说、张单说、苏吉利说等，甚至有灶神是女性之说，如老妇（发明炊具的人）说。春秋时期左丘明《国语·郑语》云：“夫黎为高辛氏火正，以淳耀敦大，天明地德，光照四海，故命之曰祝融。”因祝融为火官之神，故而也被奉为灶神；西汉刘安《淮南子·氾论训》载：“炎帝作火，死而为灶。”这里说的就是炎帝善于使用火，死后被人们奉为灶神的故事；东汉许慎《五经异义》载：“灶神妇姓王，名抟颊。”南北朝宗懔的《荆楚岁时记》中记载：“灶神姓苏，名吉利；妇姓王，名抟颊。”唐代段成式《酉阳杂俎·卷十四·诺皋记上》说：“灶神名隗，状如美女，又姓张名单，字子郭。夫人字卿忌，有六女，皆名察洽。”西汉戴圣《礼记·礼器》曰：“夫奥者，老妇之祭也。”（郑玄作注：“‘奥’当为‘爨’字之误也。老妇，先炊者也。盆，瓶，炊器也。”）《礼器》所载爨之祭祀被郑玄解读为“爨”为“灶”，即灶神之祭；战国时期《庄子·达生》记载：“沈有履，灶有髻。”形容灶神为女性，后唐代陆德明《经典释文》引司马彪云解释了“髻”的意思：“髻，灶神，着赤衣，状如美女。”

旧时民间关于灶神传说的版本非常多，举例其一：相传民间有一张姓男子，名单，娶贤妻发家致富后另结新妻，后前妻被休并改嫁。新娶的妻子好吃懒做，没多久就将张单家产败光，遂亦离之。张单无奈之下只能靠乞讨为生，有一天在别人家门口讨饭，好心的主人安排丫鬟将他请进厨房，碰巧发现女主人正是自己的前妻，张单羞愧难当一头钻进了灶中被烧死。玉帝知道后念其有悔改之意，便决意封他为“九天东厨司命太乙元皇定福奏善天尊”将功赎过，负责记录一家人的善恶，以此为凭据来决定这家人来年的福祸。

整个祭灶仪式过程的目的实际就是送灶（即恭送灶王升天汇报工作）。送灶（图1-185），一般是在傍晚。送灶的流程是一家人先将供品（一般为素类点心和甜食，如麦芽糖等）放至灶前，向设在灶台墙面上或是灶壁神龛中的灶王爷敬香。部分地区还会在祭拜过程中故意将麦芽糖涂在灶王爷神像的嘴边（意思是用灶糖黏住灶王的嘴），一边涂一边说："多说好话，不好的话别说。"之后将灶王画像揭下，和竹篾扎成的纸马以及喂马的草料一起放入灶火焚烧升天，意在希望灶王爷在去汇报的途中免受波折，舒舒服服地到达天庭，多说自己家的好话，来年能够为自家降吉祥。

图1-185 送灶（冯颖欣绘）

2. 吃灶糖

俗话说"二十三，糖瓜粘"，灶糖（图1-186）就是祭灶时特供的甜味糕点，即我们日常生活中的麦芽糖。灶糖最大的特点就是粘牙且甜，因此，这种食物是祭祀灶神的绝佳之选，人们希望灶王爷吃完甜食后嘴甜些——上天庭只言好

图1-186　吃灶糖（冯颖欣绘）

事，回来之后降吉祥。祭神用的食物通常被认为沾满福气，故大人完成祭礼后，就会将灶糖分发给家里所有的大人和小孩。

四、节俗年画

图1-187　历头灶神（印沁堂收藏）

山西年画《历头灶神》（图1-187），历头灶神在灶神年画中比较常见，这是一种能够套印不同年份节气表的历头年画，一般会在上面印制当年的历头，多为阴阳合历，用于指导农业生产劳作。历头下面是灶王爷骑着马上天庭汇报和回宫时在仙界大门——南天门的场景；最下部分描绘的是供奉灶王爷的场景，两个人物是灶王爷和他的夫人灶王奶奶，旁边有一副对联写着：“东厨司命，元皇皂（灶）君”，横批是“善水福火（祸）”。灶王身边还有两个随从，着红衣的手捧“善”罐，着紫衣的手捧“恶”罐，相传这是用来记录一家老小做的善恶事，以此来决定一家人来年的福祸。

同样是历头年画，年画内容却大不相同，河南朱仙镇年画《吉星高照》（图1-188）分为三层，上层为观音、文殊和普贤三大士及善财童子，中层突出灶君及夫人，下层为聚宝盆及门神和利市招财使者，两旁位列八仙，象征性地表达了吉星高照的内涵。

图1-188 吉星高照

陕西凤翔年画《全家灶》（图1-189）中间写着主命司，意思就是管理人间寿命的长短，做坏事则有可能短命，做多了好事则有可能长命，这张画中共有八个人，适合贴在人口众多的大户人家。

图1-189 全家灶
（印沁堂收藏）

陕西凤翔年画《四季花灶君》（图1-190）中的灶王身穿黑袍，脸上的表情很祥和、俊美，两旁侍官一人双手端印，另一人手持录事簿，下面有兔子和鸡，中间有小聚宝盆，背景四扇屏上为四季花绘装饰。此画风俗中带着一丝雅气，应为大户人家所用。

图1-190 四季花灶君
（印沁堂收藏）

天津杨柳青年画《上天降福新春大喜》（图1-191）就描绘了以前人们祭灶时的场景。在一户殷实家庭的灶间里，有一身穿棕色衣的男子在灶台面前祭拜，旁边有一个盆，盆里烧的就是刚揭下来的灶王爷；一旁的女子怀里抱着孩子，怀里的小孩子好奇地探出身子；旁边的孩子在嬉戏打闹。在他们身后还有郁郁葱葱的水仙花。既描绘了祭灶时家庭融洽欢乐的氛围，也展现了人们对美好生活的向往和追求。

图1-191　上天降福新春大喜（日本早稻田大学收藏）

五、小结

小年祭灶，有时也会把灶写为“皂”，皂，黑的意思，所谓不分青红皂白，这么看来，灶神是既可爱又可恨了，人们崇敬他，希望他能为自己带来福报和吉祥，却也怕他（或者说是恨他），因为担心他口不择言，在玉帝面前讲自己家的坏话，带来祸患。所以把灶神置于灶台，让他接受长年累月的烘烤，就像故事里讲的张单，一头钻进了灶里，可不是被烤得灰头土脸？这是中国传统社会价值标准多元化的直观体现，既显得风趣，又不失深沉。

第十五节　除夕

一、节日简介

除夕，又名除夕夜、大年夜、除夜，在农历腊月二十九或三十日，是旧年的最后一天夜晚，也是新年的初始。由于除夕一般在腊月三十，所以民间又把这一天叫作“年三十”。

二、节日由来

“除夕”一词最早出现在西晋周处撰著的地方风物志《风土记》：“至除夕达旦不眠，谓之守岁。”后又称除夕的前一天为小除，即小年夜；除夕为大除，即大年夜。

“除夕”的“除”字，意为“变换，改变”。除夕意味着一个周期即将结束，新的周期将在夜半时分开始。这样关键的时令交替时刻，常被古人认为充满了危险与不确定，人们遂通过各种方法趋利避害。据战国末期吕不韦《吕氏春秋·季冬记》记载：人们在新年的前一天用击鼓的方法来驱逐“疫疠之鬼”；东汉应劭《风俗通义》云：“谨按《黄帝书》：‘上古之时，有荼与郁垒兄弟二人，性能执鬼。度朔山上有桃树，二人于树下简阅百鬼，无道理，妄为人祸害，神荼与郁垒缚以苇索，执以食虎。于是县官常以腊除夕饰桃人，垂苇茭，画虎于门，皆追效于前事，冀以御凶也’”。由此可知，“除夕”大概起源于某种驱鬼逐疫的宗教仪式。

先秦时期，驱鬼逐疫的原始祭礼逐渐演变为傩仪，每年将尽的时候，王侯要组织举行盛大的“大傩”仪式。《周礼·夏官》中有“方相士驱疫”：“方相士，掌蒙熊皮，黄金四目，玄衣朱裳，执戈扬盾，帅百隶而时难（傩），以索室驱疫。”《续汉书·礼仪志》记载汉代宫廷大傩仪：“中黄门年十二以下百二十人为侲子，赤帻皂裳，方相氏引逐禁中。帝御前殿，黄门派子唱和，呼十二神，鼓噪炬火，逐疫出端门。五营骑士传火，弃洛水中，设桃梗郁垒，出土牛于丑地，以送寒气。汉代宫廷大傩仪仍由方相氏主祭，一百十二名年轻宦官（侲子）助祭，在宫中举火唱和，逐疫出宫门，由骑兵接力传递火把，丢弃到洛水中。”

北宋中期以前，宫廷傩仪继承的应是唐、五代以来的“方相（士）侲子（童男童女）驱傩”，徽宗政和三年（1113）修订的《政和五礼新仪》中的“大傩仪”几乎原文照抄《新塘书》“大傩之礼”就是明证。北宋末期孟元老的《东京梦华录》所记录的“大傩仪”则与礼书记载有很多不同：“至除日，禁中呈大傩仪。并用皇城亲事官、诸班直，戴假面，绣画色衣，执金枪龙旗。教坊使孟景初身品魁伟，贯全副金镀铜甲，装将军。用镇殿将军二人，亦介胄，装门神。教坊‘南河炭’丑恶魁肥，装判官。又装钟馗小妹、土地、灶神之类，共千余人，自禁中驱祟，出南薰门外转龙弯，谓之‘埋祟’而罢。”由此可见北宋末期大傩的仪式与之前大不相同，此前主导驱傩仪式的方相士被“教坊使”（唐置官名，主掌教习音乐、俳优杂技）扮演的将军替代，还出现了门神、土地神、灶神、判官等新角色。后来南宋灭亡，傩礼便无正式出现于国家礼制中，到后世逐渐演变成今天我们所熟知的除夕。

三、节日习俗

除夕作为一年的最后一天，自古就有祭祖、吃年夜饭、贴年红、熬年守岁等习俗，流传至今，经久不息。

1. 祭祖

中国人自古有慎终追远的传统，人们每到除夕就会通过祭祖活动感恩追始，祈求先祖保佑。祭祖的方式因地而异，主要有坟祭、祠堂祭、家祭三种。

除夕当日上祖坟的祭祖习俗民间称为“送年食”，如广东梅州五华县横陂镇除夕祭祖通常在早上进行，按照先人的辈分，由长及幼祭祀。上坟第一件事是清理坟墓：将杂草、灰尘等杂物清扫干净，然后把事先用鸡血滴染的草纸（多为三张）压在坟墓周围，以墓碑为中心，两边各放六张，呈半圆形散开。然后在鞭炮里扯出单个小鞭炮连放三次，意为叫醒祖宗，告知其后世子孙前来送年食。而后摆放祭祀用品（一般用三牲饭菜以及三茶五酒等），由长辈作为主祭点燃蜡烛、线香带头祭拜，然后添酒倒茶，焚烧纸钱，燃放爆竹，希望来年的日子在祖宗的保佑下红红火火。

流行于北方地区的家祭（又名“请家堂”）即除夕当天下午把写有先祖名字的家堂画请出，挂于家中堂屋的西墙上，在家堂画前摆放祭祀用品。从除夕到正月十五每天都要上供燃香祭祀先祖，直到正月过后方才把家堂画收起来，又直至年底再用。

2. 吃年夜饭

年夜饭又叫作团圆饭（图1-192）。除夕夜，丰盛的饭菜摆满一桌，阖家团圆，一家人欢欢喜喜地度过年末的最后一天。过去的人们，生活条件较差，在平时的生活中很难达到饮食丰厚的水平，一般只有过年过节的时候会改善一下生活，因此年夜饭的饭菜会尽可能丰富。年夜饭有很多讲究，比如鱼，鱼是年夜饭中不可或缺的菜肴，基本上家家户户都会准备，以“鱼”来寓意年年有余，图一个好彩头。除此之外，鸡、饺子、年糕、馄饨等食物都具有美好的寓意，也是年夜饭的必需品。

图1-192　吃年夜饭（冯颖欣绘）

3. 贴年红

贴年红（图1-193）是除夕这一天必做的一件事，所谓年红，包括春联、窗花、福字、年画等所有用来装点春节气氛的纸质象征物。特别是年画，家家

图1-193　贴年红（冯颖欣绘）

户户、门前屋后，大门上一对对威严的门神、影壁上慈祥的土地公、堂屋中厅气派的三星、主人房的炕围娃娃、厨房的灶神，所到之处，满眼尽是欢喜的年画，所有美好的祝愿和理想都描绘其中，为新年增添无限的喜庆。

4．“熬年守岁”与“照虚耗”

民间流行除夕“熬年守岁”的习俗，孟元老《东京梦华录·守岁》记载：“是夜，禁中爆竹山呼，声闻于外。士庶之家围炉团坐，达旦不寐，谓之守岁。”在新旧年时的分界点上让岁火燃烧不息成了自古以来百姓心中最为隆重的守岁仪式。晋朝周处所著的《风土记》记载：“除夕之夜大家各相与赠送，称‘馈岁’；长幼聚欢，祝颂完备，称‘分岁’；终岁不眠，以待天明，称‘守岁’。”可见古时因守岁而延展开的岁文化丰富而多彩。

明浙江《黄岩县志》卷二《舆地上·风俗》说当地“燃灯照岁”；清代康熙福建《寿宁县志》载除夕：“人家遍屋张灯，谓之照年。”燃岁火，俗称“照虚耗”，又叫“照岁”“照年”等，即在所有屋舍点燃岁火（宋代场所扩大至厕所、大门口及床下，清代进一步延展至井边、鸡窝、猪圈等阴暗、潮湿之处）。除夕夜岁火通宵不灭，预示驱除室内的虚耗（一般指邪祟之物），家中来年财富充盈。

关于守岁（图1-194）民间还流传着一个这样的传说：相传在很久以前有一种名为“祟”的妖怪，每到除夕就会出来为祸人间，尤其是喜欢摸熟睡的小孩子的头，被它摸过的孩子就会生病发烧。为了不被“祟”伤害，大人就整夜守着孩子，也就有了“守祟”（即守岁）的概念，后又有以守岁铜钱（压岁钱）镇（压）“祟”之说法。所谓熬年守岁，总的来说主要是守护幼童平安之意。

图1-194　守岁（董羿伶绘）

5. 迎接灶神

清乾隆《安仁县志》载：除夕“迎灶神，多设香烛以照邪祟”；张朝墉《燕京岁时杂咏》诗：“纸旖甲马到厨东，司命遄行薄醉中。天上去来才七日，凡人无此大神通。”接灶神一般在除夕当天（也有在正月初四），据石林生和王焰安所作《江淮传统除夕习俗综述》一文中记载了安徽地区除夕当天接灶神的具体时间：“安徽各地的接灶时间有所不同，一些地方是在吃过年饭以后，如六安人饭后在灶台上烧香点烛，举行‘接灶’仪式；屯溪人饭后的第一件事是‘接灶’，仪式一如送灶，所不同的是改烧纸马为烧松枝、柏枝，意为‘百无禁忌’；肥东在就寝前、怀宁在午夜、祁门在子夜接灶。还有一些地方是在吃年饭前接灶，如黟县、贵池、青阳在接‘灶神’回家后，全家才团聚吃年饭。”

四、节俗年画

春节贴年画的习俗由来已久，今天所见到的形形色色的年画，其源头实为春联。据《玉烛宝典》和《燕京岁时记》等文献记载，春联的最初形式是“桃符”。而桃符的来历在中国古代神话传说中屡见不鲜，如汉代王充《论衡·订鬼》云：“《山海经》又曰：沧海之中，有度朔之山，上有大桃木，其屈蟠三千

图1-195　字匾门神

里，其枝间东北曰鬼门，万鬼所出入也，上有二神人，一曰神荼，一曰郁垒，主阅领万鬼。恶害之鬼，执以苇索而食虎，于是黄帝乃作礼以时驱之，立大桃人，门户画神荼、郁垒与虎，悬苇索以御凶魅。”人们认为天下的鬼都会惧怕神荼、郁垒，便用桃木写上两位神的名字或刻出他们的样子悬挂在门口，希望借此驱邪避鬼。后来出现的楹联就是原始桃符的发展，纸张出现后，桃木被慢慢替代，因材料的变化带来使用方式上的转变，木制楹联向纸制对联、春联一步步过渡，最终形成现在的“联”文化。在这个过程中伴随着门神文化和雕版印刷的发展，桃符文化进一步衍生出专门针对桃符原意的字匾门神（图1-195）、手绘门神（图1-196）和雕版印刷门神（图1-197），即现代意义上的门神画的原型。门神，一被认为不失桃木镇邪的本义，二有装饰门户的作用。这就是对联（春联）的来历，实际也是门神画的来历。

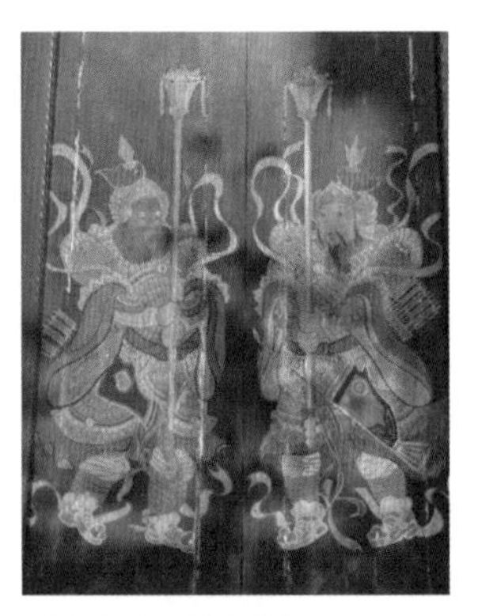

图1-196　手绘门神

图1-197　雕版印刷门神（印沁堂收藏）

门神画依附于门，门，出必由之、入必由之，是沟通两个空间世界的枢纽；门，有大有小、有虚有实，大至国门，小至宅门，每一扇门都守护着一方水土、一方百姓。在中国传统建筑的规制下，以中原地区民居建筑（图1-198）为例，基本上确立了由影壁、院、厅、廊、房等结构为主体的建筑样式，围绕这种建筑样式展开的门神画的应用自然也就有了相应的规范。

图1-199的大门是中原地区建筑样式中较为常见的，对应的年画及春联的张贴也有其规范性。其中春联的张贴规范也比较多，可分为横批、斗方、门心、框对、春条等。“横批”贴在门楣的横木上；“斗方”为正方菱形，多贴在家具影壁及单门上。“门心”贴于门板上端中心部位；“框对”贴于左右两个门框上；“春条”根据不同的内容，贴于相应的地方；而大门上则张贴门神，因此门为临街院门，一般张贴较大幅的武门神年画。

图1-199
中原地区建筑样式

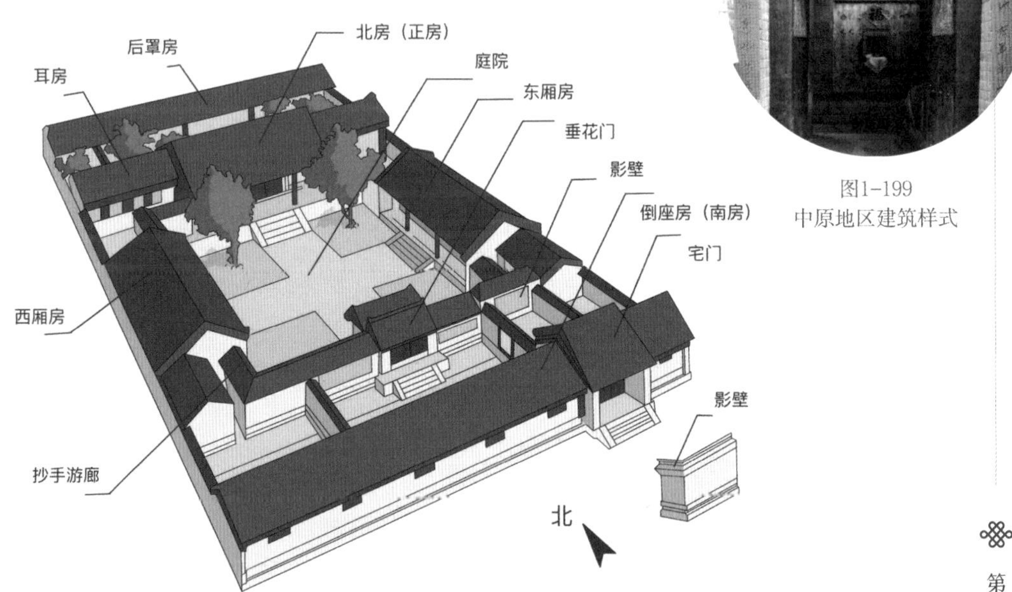

图1-198　民居建筑

院门内常设影壁（图1-200），影壁上一般有设土地龛位，供奉土地神，无龛位的贴钟馗像（图1-201）或福字灯（即书写有“福”字的年画，一般为斗方形制）。

图1-200　老式影壁

图1-201　钟馗像（印沁堂收藏）

有的人家设有后门，贴钟馗或魏徵门神图（图1-202），后门与前门不同，后门主要控制小鬼，以上两位大神专抓小鬼。

图1-202　魏徵门神（印沁堂收藏）

堂屋门贴《五子登科门画》（图1-203）、加官进禄之类门画，寓意子嗣昌满、富贵荣华。

如果家里有刚结婚不久的新人，新人房门上则贴《麒麟送子》（图1-204）、《和合二仙》（图1-205）或《天姬送子　状元归来》（图1-206），以求早得贵子、夫妻美满和合、幸福长久。

图1-203　五子登科门画（印沁堂收藏）

儿童房门贴《张仙护子》（图1-207）、《赵云抱太子》（图1-208）、状元门神、连中三元等题材的门画，张仙为护子之神，画面中一般有五个孩子环绕着张仙，张仙手拿弓箭射杀一只天狗，相传此天狗为煞狗，乃不祥之物，张仙射天狗护子即为此意。赵云抱太子是三国典故，大体上也是保护主人家孩子的意思。

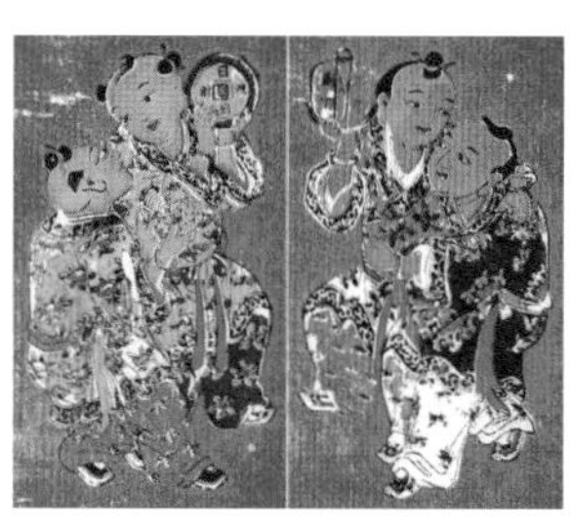

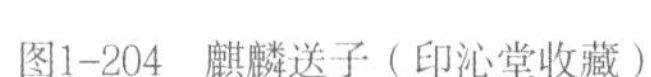

图1-204　麒麟送子（印沁堂收藏）　图1-205　和合二仙　图1-206　天姬送子、状元归来

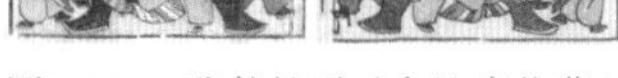

图1-207　张仙护子（印沁堂收藏）　图1-208　赵云抱太子（印沁堂收藏）　图1-209　佳人爱菊、倩女寻梅

家中若有待出阁的女孩子，可在房门上贴类似招桃花或求亲类的门画，《佳人爱菊、倩女寻梅》（图1-209）是陕西凤翔一带专门用于适婚女孩房门的，年画字面上的“菊”和“梅”特指举（举人）和媒（媒人），画中菊花易寻、梅花难找，所以要寻梅，实际是寻媒人的意思，古代未嫁女子三从四德规矩很多，一般不准出门，相亲之类的事情大都为父母之命，或托媒人办理，此对门画反映了一定的社会关系。寻梅图中女孩脸上泛起红晕，表达害羞之意，东方女子含蓄内敛的性格特征一览无遗。

五、小结

过除夕也叫过年关，中国人历来讲究禁忌，虽说过年很美好，但过年关却并不见得容易，所以要处处小心，身上一定要收拾干净；哪些地方“福”字要反贴，哪些地方正贴；守岁时屋内的灯一定要保持长明；除夕这天忌说不吉利的字眼；记得要在年前还清债务等等。为的是把这年的“尾巴”收好，过了这一关，来年才会诸事顺遂。除旧布新，这个旧既包括空间环境之旧，也包含人的习气品行之旧，其中的深意值得我们在过年的欢庆喜悦之余慢慢品味。

第二章

中国传统木刻年画

中国传统

木刻年画作为一种历史悠久的中国传统民间美术，形式上缘起于门神画，工艺上则肇始于唐宋的雕版印刷技艺。木刻年画工艺的发展与纸张生产的成熟脱离不开，早期的雕版主要作用于印制经卷与图书，以刻制文字与单色图形为主，从刻印宗教佛像、书籍，发展到独立为绘画，再发展至年画，从单色刷印到套色刷印，从官方到民间，从集体到个人。艺术风格的形成也因地域审美、风俗习惯、历史流变等呈现多样性特征，这中间经历了漫长的历史演变。

一、传统木刻年画工具与材料

木刻年画作为中国传统工艺美术分类之一大宗，工艺上是对传统雕刻印刷术的继承，传统雕刻印刷技艺经历了由官至民的发展与改造，这个过程也正是传统木刻年画的形成过程。传统技艺流入民间进而与地方风俗与文化审美习惯相适应，加上工具与材料，特别是材料的地域资源条件等限制因素（如纸张与木材的生产和获取条件），木刻年画工具与材料甚至刻印技法都产生了差别化分支。无论如何，工具与材料对工艺的影响都是至关重要的，民间自古有“三分手艺七分家什”“人巧莫如家什妙”的说法，即此意。

另外，木刻年画传统制作技艺中年画艺人也常依据个人习惯自行制作工具，此类工具个体性较强。笔者尝试通过工具的使用方法及目的做基本逻辑分析，阐述

制作工具与木版年画的关系及对年画制作的影响。

（一）雕版工具

1. 雕刻刀

（1）刻刀（拳刀/斜口刀、直线刀）

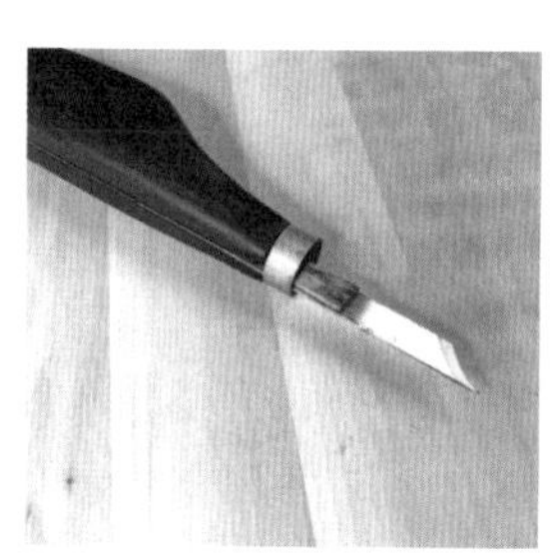
图2-1　拳刀双刃正面

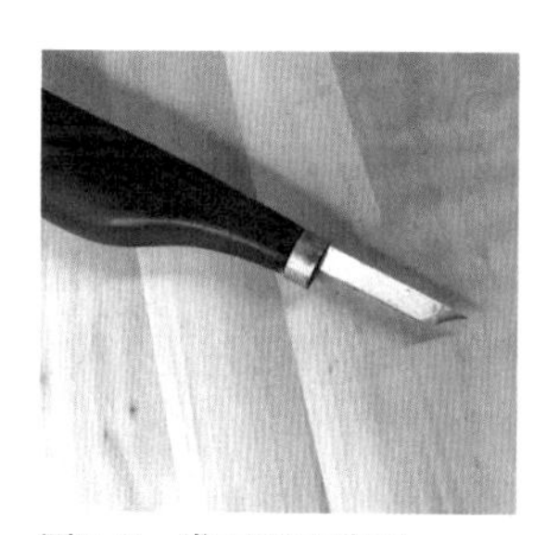
图2-2　拳刀双刃背面

图2-3　拳刀单刃正面

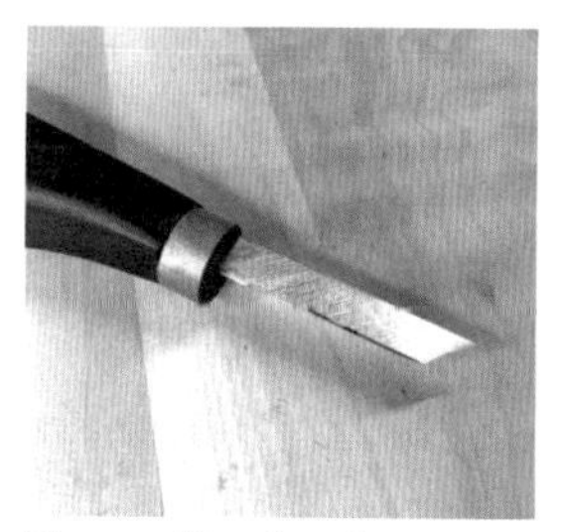
图2-4　拳刀单刃背面

拳刀　中国传统木刻高度依赖于前期画稿的创作，而画稿造型方式常以中国白描画的技法为主。以线条为造型的主要方法和语言（这一点也是中国传统木刻区别于现代版画的最大特征），这决定了中国传统木刻技艺的方向，即以阳刻线条为主，在所有的雕刻刀具中，毫无疑问，拳刀是最能发挥作用的。

拳刀，因其刃形为斜面也叫斜口刀，又因使用拳刀的过程中形似握拳而得名。传统拳刀技艺从书籍雕版工艺中产生，在年画技艺的转变过程中，不同地域年画工艺对拳刀的要求产生了细微的差别，这在刀柄形状、刃面造型和两者的材料上即可看出。如正反手双向刻制为代表的苏州桃花坞的拳刀双刃（图2-1、图2-2）与单向刻制为代表的天津杨柳青的拳刀单刃（图2-3、图2-4）。

传统水印木刻刀具与现代水印木刻刀具有很大区别，一方面源自对刻版使用寿命的需求（传统木刻无论是书籍雕版或绘画雕版，其刷印数量都极为庞大），拳刀刻制的雕版线条越深越有利于雕版的长期印制，这就要求拳刀刃形及刀片韧性和硬度都要能满足实木刻制的需求；另一方面，拳刀的刻制技艺相较于现代西方木刻刀具中类似的斜口刀来说，其无论在技法难度上还是发挥作用上都表现得更有优势。传统木刻的主要刻线工作均由拳刀完成，其他不同类型的凿刀则通常用来辅助完成清底刻制，一切工序由拳刀主导，所以拳刀也被认为是传统木刻中最为核心的工具。

传统拳刀主要结构为两部分——刀柄与刀片（图2-5），及两个辅助部分——木塞与铜箍（图2-6）。年画产地不同拳刀规格材料存在差异，在此举例“印沁堂年画艺术馆”所使用的拳刀规格及材料。

图2-5　刀柄、刀片

图2-6　铜箍、木塞

刀柄：规格“15mm×23mm×142mm”（图2-7），刀柄中凸出部分最高为1.5cm，长度可根据个人情况做适当的调整，刀柄中凸出部位根据刻版过程发力方法设计，是刀柄的核心。

刀片：“长×宽×厚”规格为“20mm×7mm×1mm”，材料使用白钢，硬度系数约HRC60（年画产地中有选择使用碳钢、锰钢，亦有传统手工打造的刀片）。

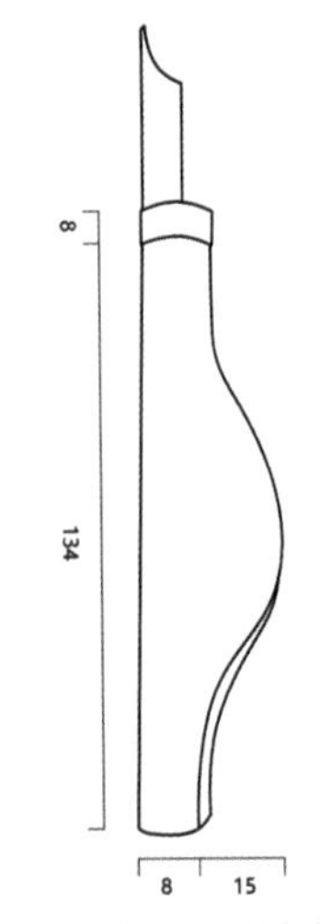

图2-7　刀柄规格（魏睿澎绘）

作为木刻刀使用，刀片硬度系数对于雕刻工艺的影响有二：硬度系数高，刀片呈现“硬、脆”特性，在刻制中转折处容易因韧性不足而崩断；硬度系数低，刀尖处易弯曲，则达不到木刻需求。

直线刀　直线刀主要作用于版面内长而密集的直线刻制，如房顶瓦线、围栏、帘幕等。直刃斜口（图2-8），刻制时利用尺在直线处轻划刀口，作为拳刀刻制的下刀口参照，以保障直线的笔直度。

图2-8　直线刀

（2）凿刀

凿刀在传统木刻中的主要功能为净底，即刻除版面画稿以外的区域。根据刻制要求的不同，凿刀类型及规格有一定差别，大致可归为三类：“弯凿刀、平凿刀、剔凿刀”。

弯凿刀　弯凿刀刀刃处呈弧形状，在清理大空区域

图2-9　弯凿刀

图2-10　平凿刀

图2-11　剔凿刀

及下深度时相比于平凿有优势，一般将刀的弯弧深度分浅弯、中弯和深弯三种，弯弧越大，下深度效率越高。（图2-9）

平凿刀　平凿刀刀刃处呈平口，可用作弯凿下深度后处理多余的版面，常被用来平整底部。（图2-10）

剔凿刀　剔凿刀刀口较小，作用主要体现在处理版面中大凿刀无法处理的细节位置，一般使用1mm和2mm两种规格的平口剔凿刀即可满足使用。（图2-11）

2. 板

（1）选板

板材是传统木刻年画工艺中最为重要的基础材料，被视为版画的生命，因而非常讲究木板的选材与加工。雕版印刷所使用的板材特性应满足以下几点要求：

软硬度适中　板材硬度过高在长时间刻制中，对刻刀有很大的损耗，刀刃横面、纵面易崩刃；板材过软则不利于刻制细致的画稿（细线处容易被刻刀带断），对于雕版的损耗和保存也有一定影响。

纤维细密度适中　板材的纤维细密度通常表现为木面的细腻程度，通过木料的横切面气孔分布效果也可以判断，气孔粗大肉眼可辨的木料一般密度较差，纤维细密度好的板材结构相对稳定，有利于木刻工艺中对细节的发挥。

结构稳定　在长时间使用和保存过程中，频繁受水及环境的干湿变化会导致板材的整体结构产生收缩变化，选择使用结构稳定的板材有利于雕版的长期使用。

着墨、释墨性良好　木材大都具有一定的吸水性，印制过程中的木材既不能太吸水（易干版）也不宜不吸水（油性偏高的木材会有斥水问题），在刷印的工

图2-12 杜梨木

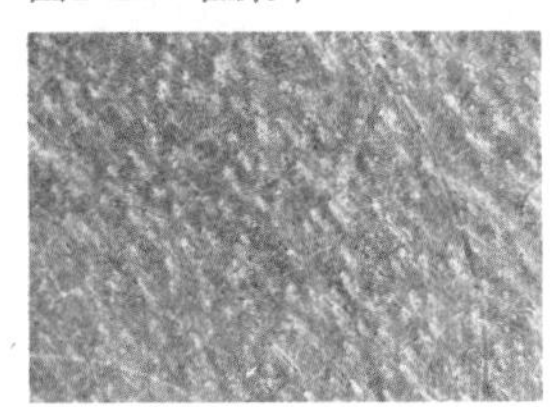
图2-13 杜梨木木材纹理

图2-14 梨木

图2-15 梨木木材纹理

图2-16 小叶黄杨木

图2-17 小叶黄杨木木材纹理

艺中，版的着墨及释墨影响最终印制效果。

传统木刻常用板材如下：

杜梨木　木材呈斜纹理，结构细密均匀，质量偏重，板材硬偏；干燥时有翘裂趋势，故干燥宜慢，成版稳定性较好，耐腐蚀，是较为理想的雕版材料，但因其为野生树种且生长缓慢，现较少使用。（图2-12、图2-13）

梨木　梨木与杜梨的木材性质相近，且有大面积的人工种植，相比于杜梨、黄杨木等更容易取材，价格也便宜许多，在雕版印刷行业与后来发展的年画行业中都把梨木作为首选雕刻材料之一。（图2-14、图2-15）

小叶黄杨木　木材呈鲜黄或黄色，心材、边材区别不明显，斜纹理，结构细密均匀，质量偏重、硬，耐虫、耐腐，干燥过程缓慢，宜存放于通风处自然阴干，存放不当易劈裂。小叶黄杨生长周期缓慢，材料得之不易，板材不大，价格却偏高，一般用作雕刻精细小品。（图2-16、图2-17）

枣木　边材浅黄色，心材红褐色，心边、材区别较为明显，木材有光泽，无特殊气味和滋味。纹理直或略斜，结构细密均匀，抗蚁蛀，耐腐性强。枣木板的硬度大，适合长时间刷印使用，是雕版印刷的较好材料，宋人称枣木刻印的书籍为“枣本”。（图2-18、图2-19）

梓木　边材灰黄褐或浅褐色，心材深灰褐或深褐色。心材、边材区别略明显；阴干过程较容易，无翘曲和开裂现象，尺寸性稳定；抗蚁蛀，耐腐性强。（图2-20、图2-21）

上述木材为雕版印刷常用材料。

图2-18　枣木

图2-19　枣木木材纹理

图2-20　梓木

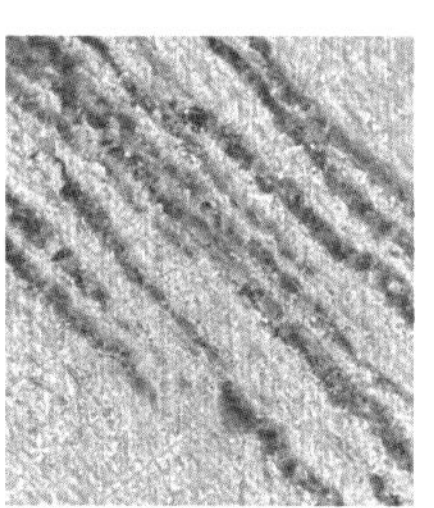

图2-21　梓木木材纹理

图2-22　荷木

图2-23　荷木木材纹理

图2-24　银杏木

图2-25　银杏木木材纹理

其他木种　在年画雕版中，有可能会因地域木材资源因素影响，而选择便于获取的就近材料进行雕版，如荷木（图2-22、图2-23）、银杏木（图2-24、图2-25）、樟木、乌桕木、白切木等。

（2）解板

不同年画产地根据日常使用体裁大小，将圆木材取直裁解，俗称“解板”。木材质地不一，却面临相同的问题——弯翘，特别是制成木刻水印用版，印制过程反复着水、干燥，加剧弯翘情况的发生。以梨木为例，板的变形一般有两种情况：一种是凹曲变形，板在平放时中部凹下两边翘起，反过来也就是中间鼓起（图2-26）；另一种是“翘偏”，即对角变形，一般是对角线的两个角上翘，另两个角下陷，整个板子看起来是扭曲的。

因此，雕版艺人在解板时依据经验将板材解成两种常见的规格：双面雕版较厚（约5cm），单面雕版略薄（约3cm），既不太厚浪费木材，又避免木板太薄易变形。同时厚板比薄板耐用，如果画面线条不清晰可以刨平二次使用或是双面刻制，薄板则不然。

（3）板材加工

刚解的板不能用于水印年画版的刻制，因板材内含胶质与虫蛀食物源，此因素不利于刻制、刷印及保

图2-26　起鼓

存。因此板材在刻制前仍需要经过去除胶质与虫蛀食物源的工序，常见做法如下：

沤板　传统的夹江年画艺人会将买来的木料解板后泡在猪栏或茅房的粪坑中，在计划雕刻前捞出泡在鱼池中，此过程被称为“沤板”，用年画艺人的话说是“把木头沤沤”。“沤”过的木板不易变形，通俗讲是木头“死性了”，“沤板”的时间不能太长，在粪池里容易腐烂，一般一个多月的时间。“沤板”的原理是木板里面的“黏液”被外界的水换出，这样木板干了之后不易变形。

水浸　木板放于水中浸泡，将木板中的胶质泡软、溶化，与“沤板”原理一致。方法是将木板放入河、池塘、水田中固定，利用流水冲刷木板，若是静止的水则在期间需数次换水。浸泡时长因季节不同而不同，夏季稍短，约是一个夏天，冬天水浸效果不明显，需要的时间稍长。部分浸板还会使用石灰水浸，浸板过程先用清水浸泡，会出现一层层的糖渍，需把糖渍取出。再以石灰水压板再浸，浸好以后它就不会生虫子了。

盐卤浸　据传在传统工艺中有一种处理板材的方法是盐卤浸泡。此方法既可去除木板内含的胶质，又可使木板吸收盐卤中的成分，防止虫蛀，避免木板开裂变形。一般盐卤浸泡时间为半年左右，捞出阴干备用。处理过的板用起来非常细腻，手感很好。

煮板　“煮板”原理是将木板放入大锅中用沸水煮，用年画艺人的话说是“给木材过性，把劲拿掉”。不同的地域煮板工序的时间也不同，据查滑县年画煮板是将解好的板放于沸水中煮两个小时，当水变得浑浊黏稠时，说明内含树脂已被煮出；金陵刻经处煮板时间长则为大火不间断煮一天，水中不投放任何材料。民间也存在这样的说法：之所以使用清水煮木板，是因木板经高温水煮后，会更有韧性，雕刻时不易走形。此种说法尚待研究。浸泡和煮透的木板需要放在阴凉处晾干，不能放在太阳下暴晒。

烤板　若是年画作坊急于使用木板，则会采用烘干木版的工艺，即用锯末粉烤制，时间长为10～20小时。烤得木板变黄而不糊即可。快速烘干的方法存在弊端，即木材表面与内部的水分蒸发的速度不均匀，各部分干缩程度不一致，会出现弯、扭等不规则变形及干缩不匀，还会出现裂缝，而且水分流失越快，裂痕则越多。

上述方法中，粪水、盐卤水、清水本质并没有不同，都是“以水换水”的过程。无论是浸泡或是沤板，其作用主要体现在以下两方面：

一是防腐防虫。木材使用“浸泡”方法即可阻断腐朽菌和蛀虫的生存条件和将木材内含胶质及虫蛀食物源除掉，以便于制作与保存。

二是防翘裂。木材浸于水中可令木材内外湿度保持一致，开裂的一个重要原因是木材内、外部水分流失速度失衡，导致纤维组织收缩不匀而撕裂。

阴干　木板阴干需存放于无阳光照射且较为通风区域，板与板间用木条相隔，留有透气区域，保存过程最好竖放。在南方地区更要注意晾板处通风问题，以免板子受潮产生发霉及干湿不一致等情况。

（4）合板

经上述工序的制作，木板基本已经符合刻制要求，但小板易得大板难寻，刻制大板时还需一道“合板”工艺，即将小块木板竖侧面与竖侧面粘接拼成一块大板，操作中要做到严丝合缝，以待使用。杨家埠把这道工序叫“严缝子”，滑县称为“合板”。这一环节非常考验木匠工艺，合板工艺好的看不出一丝缝隙，拙木匠则合不密实；合好的板还要用刨子将其刨平，并用细砂纸打磨，直至板面平整、光滑方能使用。常使用的合板方法如下：

图2-27　铁箍

铁箍　使用铁箍的形式是因铁箍可以在板的外围进行固定（图2-27），在板的保存使用过程中，若发现有开裂情况可使用此方法及时对板进行保护，延长板的使用寿命。

图2-28　锔条

竹钉　竹钉一般在拼板的过程中，竖侧面与竖侧面间匹配开孔，把竹钉嵌入拼板之间起

图2-29
箍夹

到一定的咬合作用，防止持续开裂及减少弯曲情况。但需注意勿使用铁钉，若是在刻制过程遇到铁钉会无法在该部位刻制。

锔条　锔条的作用与铁箍的作用类似，在传统拼板中较少发现，一般在拼板时对木口面开槽嵌入锔条（图2-28）。

胶粘　使用工具（金属器具）在木板拼接面敲打若干细密凹面，再抹上适量胶，将胶涂抹均匀使胶进入凹面内，多余的胶同时挤出（此方法常与木钉配合使用）。杨家埠旧时常用鱼眼胶，也掺在年画颜料中使用，现今改用白乳胶。水胶遇冷易“摺”（zhe）即凝固，俗话叫“死胶”。粘胶后，使用两块金属（或木）在拼板的外侧箍夹（图2-29）。在箍夹过程中，若是木板错位，须及时调整接缝处的平整。箍夹好后把它放一旁阴干，第二天拆箍，木板便已经黏合牢固。

3．磨刀石

磨刀是传统木刻工作的第一步，一把木刻刀是否锋利好用直接决定雕版的品质。磨刀石通常配合磨刀盆（图2-30）使用，将磨刀石侧面呈立状与磨刀盆连接处使用木塞固定（注意勿直接将磨刀石与磨刀盆“硬碰硬”，此操作易损坏刀石）。磨刀石在使用前需清水浸泡（约2小时），目的是为了磨刀石通体保持稳定的湿润状态，防止在磨刀过程中因磨刀石内外湿润不平衡致刀石凹凸不平，磨刀时发生刀片不受控制滑出刀石外，存在一定危险性。同时，内外湿度稳定的磨刀石在使用过程中也会呈现更顺畅的状态，最大程度地保障刃面的安全及磨制效果。笔者在多年实践经验中总结了多选择使用400目左右磨刀石进行初磨，待刀刃形状与锋利度达到需求再选择使用更高目数磨石（图2-31）进行细磨。

图2-30　磨刀盆

图2-31　高目数磨刀石

4. 木棰

图2-32　木棰

木棰（图2-32）造型约为长方体，一端为方形另一端圆形握把；使用时对凿刀进行敲击，辅助清底。在此举例笔者所用木棰，规格为4cm×4cm×20cm，材料使用榉木。

5. 砂纸

砂纸（300～800目）用于对木板进行平整度打磨，使板面层光滑细腻，避免“上样”步骤中稿样的变形。

6. 糨糊、乳胶

糨糊与乳胶主要用于稿样上板工序，就此步骤而言，乳胶比糨糊有更大的优势，因现使用的稿样多为打印稿，乳胶能更清晰与完整地将稿样附着于板上（图2-33），糨糊稍逊一筹（图2-34）。但在传统年画工艺中糨糊除稿样上板，颜色调制、装裱，都涉及使用糨糊。

图2-33　乳胶贴板

图2-34　糨糊贴板

民间用糨糊一般使用“煮制法”（将小麦粉与水调制稀状放入锅中煮制，其间要不停地搅拌至稠化）及“冲制法”（将小麦粉兑水调制浓稠且面粉无颗粒状，使用棍状物往同一方向转圈上劲，同时冲入沸水，至稀状稠化）。

7. 显稿油

稿样贴于板面，搓去面层纸，若清晰度不够，可使用显稿油清晰画稿。笔者常用的显稿油为“白茶油”，该油无异味，显稿效果清晰。实际上显稿油使用油性液体效果均能实现，如家用食用油、风油精等。旧时贴稿工序，以“蝉翼宣”勾稿，薄糨糊“上板”，后以油滴板即可刻制。

（二）刷印工具

1. 纸

纸张作为传统雕版刷印技艺形成的先决条件其本身工艺的成熟与发展间接带动了年画行业的发展。各地对于年画用纸的选择存在一定的差异，甚至在不同时期不同题材方面也体现出对用纸的不同需求。总的来说，和木材的选择类似，以地方性便捷获取的材料资源为主，选择兼顾实用性及价格优势。根据年画制作工艺的不同（如套色刷印或手绘）选择使用宣纸、竹纸、麻纸、棉纸、土纸及机制纸的情况皆有，较为精细化的年画运用的纸张品质也相对较好，如杨柳青手绘年画，常使用品质较好的宣纸；又如湖南滩头年画，使用当地纸作坊特制竹纸并对其进行后期加工。不需要张贴或价格便宜的年画纸张品质则相对一般，如祭祀焚烧用的纸码。

纸张对于年画工艺的影响主要有以下两个方面：

一是纸张韧性。传统年画制作采用雕版刷印工艺，首先，刷印时产生的摩擦力，对纸张韧性有一定的要求，刷印所使用的水性颜料渗透至纸张，产生干湿变化，在纸张上多次套印产生的反复干湿变化，会使韧性不佳的纸张易破损，对干湿度的控制实际是印画师傅对纸张特性把握经验的总结。

二是纸张吸水性。

生纸　“生纸”指纸张制作过程中未对纸张进行“熟化”处理，“生纸”对于颜料的吸收性较好，在雕版印刷中的特性呈现是刷印色块较易密实，泛白情况较容易避免。但“生纸”由于吸水性较好的缘故，对比熟化处理的纸张更容易出现“洇纸”情况，年画艺人选择使用生纸一般是在刷印线版工序，若是套印或手绘工序，则把刷印线版后的纸张进行熟化处理，以免出现跑墨。

半生熟　“半生熟”指对纸张进行未完全“熟化”的处理，熟度取决于放矾量。“半生熟”的纸张具有一定的吸水性，能够令颜料渗入纸张但又不易跑墨。这一特性是年画制作中较理想的。但需注意控制好颜料的含水量，含水量太大仍会出现“洇纸”。

熟纸　“熟纸”指对纸张进行“熟化”处理的纸张（有两种方式：①在成纸的基础上对纸张进行“过矾”处理；②在纸张生产过程中对纸浆加入一定配比的胶矾进行熟化）。熟纸由于加入了一定比例的胶矾，令纸张表面形成薄膜，呈一定的拒水性。在年画的制作中，因其“拒水性”因素，熟纸一般不用于年画的刷印线版及套色，刷印效果容易出现较为严重的“泛白”。熟纸多用于年画手绘工序中，如杨柳青年画手绘效果极佳。年画制作工艺中还有一种较为特殊的工艺——“捺印”，熟纸因其“拒水”特性，颜料较浓厚时不能有效地渗入纸张，易在纸张表面结块，“捺印”工艺容易将画纸颜料沾黏脱落，是故“捺印”应选择较易吸收颜料的纸张。

2. 颜料

古人对于色彩的早期认知非常直观，如血液的红、树木的青、大地的黄、夜晚的黑，对于颜色的生理感知形成了人类对色彩的最初印象。在对色彩的认知进化过程中，古人把色彩与生命的组成、五行、五方等概念对应起来，感性逐渐推向理性化，形成了“五正色”的本民族色彩观——青、赤、黄、白、黑，与之后衍生出的“间色”一同构成华夏民族对于色彩认知的基本谱系。

民间美术的色彩正是在“五正色”的传统色彩观中发生和发展起来的，年画色彩的运用一方面受民间各地域审美倾向偏好的影响，一方面受限于传统套色工艺，套色次数及颜色数量不宜太多。在此基础上，形成了主色接近、又各有千秋的地域年画色彩体系。如佛山年画的丹、朱仙镇年画的紫、梁平年画的佛青、杨家埠年画的槐黄，都是年画地域性的体现，在此遴选部分年画产地具有代表性的用色及制色方法分享。

墨　墨即墨汁，与书画墨条不同，年画制作中一般不会使用名贵墨条，因年画印制要很大印墨量，年画作为商品，经济价值是需要考虑的因素之一，刷印使用墨一般由年画作坊自制，按批量制作如一缸，满足长久的刷印使用。自制墨种类较多，如梁平“烟子”（70%红煤炭和30%锅底黑烟加工制成）、杨家埠“竹叶黑”（竹叶烧成炭黑加胶）、朱仙镇“黑色”（松烟加面粉、浓茶水成糊，发酵后兑水细研磨，使用时加入皮胶）、杨柳青“白草霜”（烧柴灶锅黑烟，加胶或浓米汤调制）、松烟墨（松木烧出的烟灰作原料，加以黄明胶发酵沉淀）。自制墨汁成本低廉，成为首选。现如今，年画刷印使用的墨一般为市场购买的成品墨。

佛山：丹，在佛山年画行业中俗称“填丹”或“万年红”，常用于填门画背景，呈“朱”色，以“硍朱”为原料，调制的“丹”色不易褪色，据传过去为年画作坊不传之秘。逐张填色，在印画前有一道“过矾”工艺，处理过的年画丹色均匀，不易留下“接笔”的痕迹。

梁平：佛青，是梁平年画中比较有代表性的颜色，使用当地植物蓝芷草的叶子泡制加工则成染料“靛蓝”，印制年画时，在泥状土靛蓝染料的基础上，加入胶矾水、白泥，混合搅拌均匀而成。

杨家埠：槐黄，是将当地国槐树开花前结出的槐米(也称槐籽)摘下晒干备用。过去煮时用铜锅，现部分艺人改为铝锅，不能用铁锅煮。按一定比例加碱加矾熬制而成。

朱仙镇：紫色，是以紫色的向日葵籽为原料，将紫色向日葵籽放入锅中，加土碱（碱蒿子烧制）兑水文火慢熬，再加入明矾与皮胶水调制而成。

高密：明油，不是颜料，而是用以覆色使之亮堂固色作用（一般用于红色、绿色、黑色三色），制作方法是使用品质较好的“老松香”，碾成细末加以90～95度酒精调和而成，然后保存在密封的容器中（酒精易挥发），使用松香时，选择发红为佳，若是松香品质不好，覆之画面会呈现“泛白”情况。

3．棕扫

棕扫是印制工艺中蘸色刷版的工具，在传统年画行业中一般为年画艺人选用品质好的棕片自制，好棕片具有厚实、紧密、柔韧度高、弹性好、经纬线整齐美观等特点。整体造型约为锥形，上端手持位置用绳子扎成圆柱，下端蘸墨部分约有四寸（约13cm）长度不使用绳扎，呈自然包裹状，在使用中有灵活的操作性。（图2-35）

图2-35　棕扫

4. 棕推

棕推，部分产地也称为趟子，是木版年画印制的工具。颜料着于雕版，覆纸，然后使用棕推在纸背“转圈”，平扫的方式需对纸张施加压力，令雕版上的颜色转印到纸上。棕推形状基本呈长方形，抓手位置选用趁手木料，以品质好的棕片包裹木料的抓手底部并进行固定即可。（图2-36）

图2-36　棕推

5. 印床

印床，即印画台，也有称为案子，是传统水印木刻批量印制专用的工作台，笔者进行年画印制时使用的印床规格为115cm×60cm×75cm（图2-37）。与一般工作台不一样的是在印床中间有一块板可拆卸，拆卸后有约是15cm～20cm宽的镂空区域（图2-38），用于悬置印好的画。镂空两侧各有台面，左侧用于放印制工具及材料，右侧有一条木条与台面，木条两端用螺丝固定，用于夹纸。对于印床的使用，主要有两种方式：一是右侧台面进行夹纸，左侧放置材料及刷墨；二是左侧台面夹纸，右侧台面放置材料及刷墨，两者的区分在于左手或是右手刷墨的操作。

图2-37　印床

图2-38　印床镂空形制

6. 垫片

垫片，指的是在刷印过程中垫在版下的物体，防止印制过程版的移动。在此介绍两种垫片的制作。

①在印画之初缝制沙包，规格约7cm×7cm（图2-39），用于垫在版的四角；

②把纸张叠成扁形方块，清水润之（图2-40），垫于版下与沙包的作用并无差别，只是使用寿命不及沙包。

图2-39　沙包垫版

图2-40　纸张垫版

7. 色盘（色罐）

在使用前将色罐中的颜料搅拌均匀，将颜料蘸至色盘中，用棕刷进行调制，此过程能较好地控制颜色的干湿与厚薄。

二、传统木刻年画制作工艺

传统木版年画制作工艺工序复杂烦琐，各年画产地工序间不尽相同，但仍可概括归纳为四大工序，即勾描、刻版、刷印、绘色。

（一）勾描

传统木刻年画创作中的勾描技法与中国白描画一脉相承，其线条的塑造要讲究意境和传神，画犹尽，余韵存。传统木版年画吸收工笔白描技法的同时，在创作年画稿样中区别于文人画造型，绘画创作中加入大量生活意向直接或间接表达，直接意向如莲（连）年有鱼（余）、加官进（晋）爵、四季平安等，把对生活的愿望直接体现于年画中；间接意向在画面中则更多体现为元素的表达，如石榴寓意多子，寿桃寓意长寿，鸡寓意吉，（鲤）鱼寓意利市、大吉等意向。多个物体组合的同时又表示组合意向，如三个圆形物体又可表“三元”，戟（武器）

与磬（乐器）同时出现又表“吉庆”等。不同于文人画的个人思想表达，此类寓意美好愿望的意向表达是地域性群众共同选择下的“集体”创作体现。

（二）刻版

传统木刻年画中的木刻工艺脱胎自传统雕版印刷的雕版工艺，在画稿的创作、造型方式及雕版的刻制技法上有别于现代木刻版画。刻版工艺大致分为备版（备刀、磨板、上样、搓版、显稿）和刻版（刻线、净底）。

1. 备版

（1）备刀

刻制工艺是传统木刻水印中最为核心的工艺，一把称手的刀，需要刻制者根据所刻板材与稿样的不同做出适当的调整，可谓是磨不好刀便刻不好版，磨刀的重要性不言而喻。

磨刀握法　手在握刀时不宜离刀尖过近，以免手与磨刀石产生磨擦，也不能距离过远，不便于磨刀发力，位置约三指处即可。握刀手拇指与食指轻捏刀片，其余三指内扣搂刀（图2-41），辅助中指自然抵住刀片向下产生压力，食指轻搭握刀手拇指，利于两手平衡，其余手指收回（图2-42）。

图2-41　磨刀手握法

图2-42　磨刀手势

磨刀方法　磨刀盆放在身体正前方，双脚自然站立，轻松端正（图2-43）。

在磨刀时刀刃朝前方，与磨刀石约呈直角（图2-44），刀尖部分轻微超出磨刀石，在磨刀过程中需根据磨的刀刃决定刀尖露出长度（磨刀实为损耗的过程，刀片与刀石摩擦的时间越长则相互损耗越大，刀刃也以此塑形）。刀刃由薄过渡到厚，过渡面基本平整斜面，刃口与磨刀石贴合，贴合度低接触面积大难以打磨刃面，贴合度高接触面积则小，刀容易“卷刃”（图2-45）。前后磨的频率保持一致（大约1秒钟一个来回）。出于对磨刀石的使用考虑，磨刀过程中手部须左右保持平衡，不然刀石侧边损耗不一致会影响磨刀，同时前后磨约半分钟后可向前磨出石外，通过一看（观察刃面是否平整，刀刃边缘是否有白色反光线）、二摸（触摸刀刃试探刮手感，平摸刃面试探卷刃感）、三试刀（试刻）的方法确定刀刃是否合用。磨刀石在使用过程中损耗的刀石会一定程度残留在磨刀石上（俗称“刀泥”），能在一定程度上保护刀刃，不需要清理。

图2-43　磨刀姿势

下面以双面刃刻刀（单面刃只磨主刃面）右手持刀法为例，说明磨刀的具体方法。

①磨制主刃。磨刀盆放于身前桌面，磨刀石正对身体，双腿岔开与肩同宽，腰微微弯曲，右手持刀，拇指与其余四指相对抓刀，刀刃向前，拇指位距离刃尾一指宽，左手中指按住一指宽处空位，左手食指压右手拇指。将刀刃朝前，刃面贴合磨刀石做前后循环磨刀动作。刃面在磨刀石上配合磨刀动作适度左右移动，刃尖不要长时间停留在磨刀石范围（刃尖较易耗损），磨刀过程中须保持同一角度，刀、石的贴合度对刀刃整体坡面磨出能否平整起到关键作用。

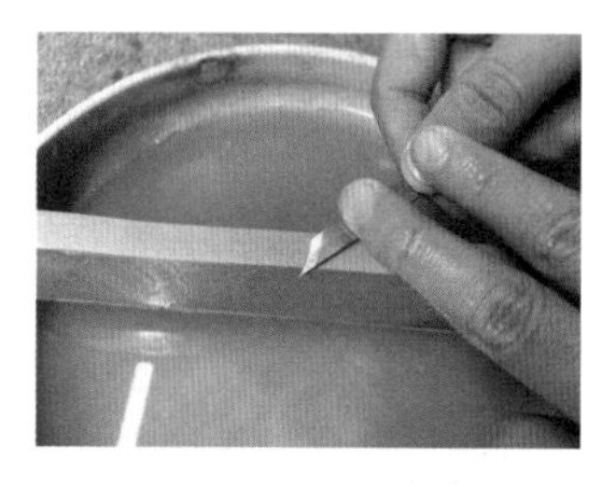
图2-44　刀片朝向

②磨制辅助刃。辅助刃即反刃，持刀与主刃面持刀刚好相反，即左手持刀，右手辅助，磨制方法同上，辅助刃面宽度达到或接近主刃面宽度一半即可，刃形的月牙效果主要通过磨制辅助刃过程实现。

图2-45　卷刃

图2-46　刀尖回刃

图2-47　细磨

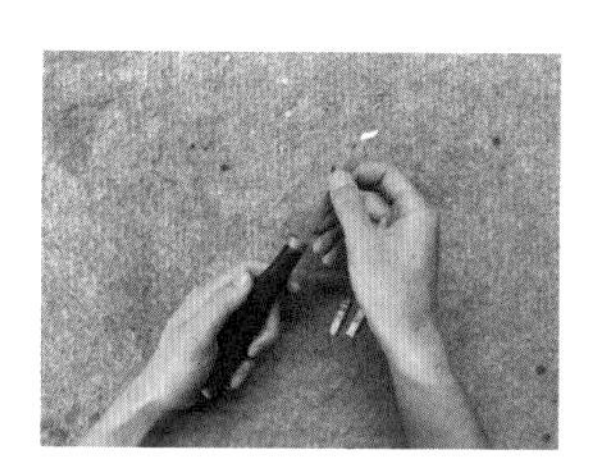

图2-48　装刀片步骤①

图2-49　装刀片步骤②

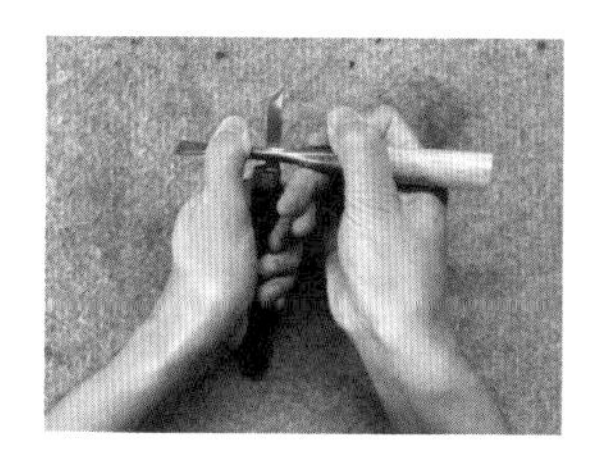

图2-50　装刀片步骤③

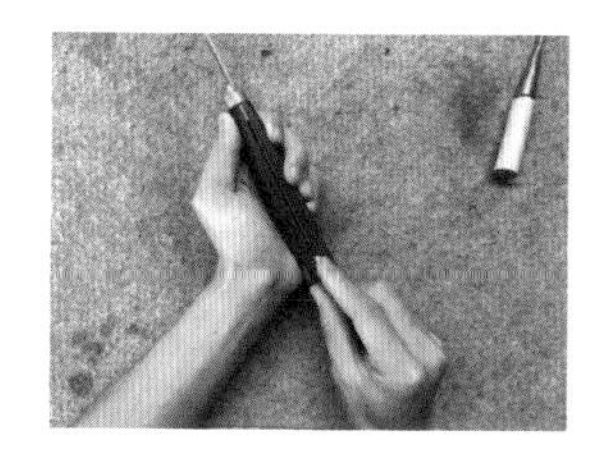

图2-51　装刀片步骤④

③刃尖回形。刀刃磨好后使用刀侧面平行在磨刀石上对刃尖背部单向向后轻刮，使刀刃背呈现鹰钩状（图2-46）。

④细磨。刀片初磨后，使用800～1000目以上高目数磨刀石细磨，进行细磨的原因在于让刀刃上因初磨后肉眼不可见的粗糙面（图2-47）变得光滑，使刀更为锋利。

磨刀石使用完用湿布覆盖，保持湿润。

⑤装刀。刀刃磨好后由前向后退入刀柄柄槽（图2-48、图2-49），刀刃留出位置距离铜箍约5cm，用垫片塞入刀片与柄槽之间空隙，使用工具压实垫片（图2-50），后端垫片只需手动塞入刀槽，卡住刀片不晃动即可（图2-51）。

（2）磨板

对挑选好的木板使用由低到高目数（300～800目）的砂纸进行板面平整度打磨，磨完后对板面进行清理，去除打磨产生的木粉。

（3）上样

材料：木板、砂纸、线稿、糨糊（乳胶）、喷壶（盛清水）、显稿油。

上样前先对木板表面进行观察，注意稿样反贴重点位置或密集线条，尽量避开疤节或腐朽处（疤节处硬度相对更大，腐朽处则"苏"。在平缓刻制过程中突然碰到较硬或腐朽部分，刻制节奏突然发生改变，对于刻刀的掌握失控，不利于刻制）；其次尽量避开木纹复杂或是较为密集部分，与疤节同理。

稿样与板面尺寸进行校对，将比对好的稿样范围边界处进行压折或裁切，减少在贴稿过程中的失误。板面涂抹适量乳胶（糨糊），进行转圈揉搓，使乳胶沁入板面，涂抹后效果以板面均匀分布乳胶为度，同时能够隐约看到木纹为佳（图2-52）；在乳胶（糨糊）未干时将画稿按校对位置反贴于木板，使用柔状物体（如毛巾）迅速由中间向外扩散压实（纸张吸收乳胶中的水分会膨胀变软，此过程不宜动作过慢），画稿下面不能产生气泡，否则会因黏结不牢掉稿；静置两小时以上（时间视天气环境干湿程度而定）。

图2-52　乳胶上板厚薄

（4）搓版

上样完成的画稿干透后（可通过触摸画稿确定干燥情况）即可进入搓版工序。具体方法：先用盛有清水的喷壶将画稿背面整体均匀地喷水湿润，待画稿稍微吸收水分后从画稿或版的一侧（通常是纸张的纵向面）边缘处开始搓起纸边，然后拉住搓起的纸边顺着纸的纵向撕下表面层，直至画稿背面全部表层纸被揭下（随时观察画稿背面干湿效果，若过干不利于操作则及时喷水补充水分）。此时可观察上样的效果，若揭纸过程中有产生画稿层纸面也随着一起被撕掉的情况，说明上样时涂胶效果不到位或压不实（有气泡产生），这种情况严重的话需要洗版重贴。

再次喷水于画稿背面，用手指或手掌以画圈的方式按压搓动画稿（此步骤即为搓版的原意），随之会产生大小不一的纸屑卷。注意搓版的速度和力度，先用手掌大面积搓，再换手指小范围局部搓，画稿会在这个过程中逐次显现出来，版面干燥时注意及时喷水补充水分。

（注意：这里讲解的是使用激光打印（喷墨打印画稿线条会在搓版过程中受水

洇散）画稿纸，传统的上样直接使用雁皮纸（纸张薄透）原稿，可以不用搓版。

（5）显稿

将搓好的版静置数分钟，待版面水分挥发干净后，用显稿油（无色无味的白茶油为佳，民间多使用食用油）在版面上均匀涂抹，即可使画稿清晰地呈现在版面，方便刻制。

2. 刻版

传统木刻技法中有正手刻（抓刀手心向上）和反手刻（抓刀手背向上）两种刻法，正手刻又分竖式正手和横竖式正手两种刻法（双面刃适用于正手刻，也适用于反手刻）。竖式正手方便掌握，特点是刻制时转版次数多（大多数地区木刻采用此法）；横竖式因在一个方向可以解决竖式两个方向下刀的问题，所以一块版只需要转两个方向即可完成（如杨柳青木刻技法），而正反手则不需要转版，在一个位置可以解决所有的刻线问题（如桃花坞木刻技法）。在此仅以竖式正手刻制技法为例，讲解传统木刻的刀法问题。

（1）基础刀法

握刀方式　以右手为抓刀手为例，拳刀柄突起部分面向右手手心，右手四指呈内握状，拇指向上顺柄型轻抵刀柄（图2-53），切勿用拇指扣住顶部或抱握食指，此动作不易于发力。左手做辅助手，主要作用为固定木板和平衡刻刀，左手拇指第一关节内侧抵刀片刃面以上部分，其余手指及手掌负责按压木板使其在刻制过程中不会移动。需要注意的是，辅助手拇指抵刀目的是为避免滑刀，实为被动受力，切勿在右手刻刀发力前主动发力，以免划伤。辅助手须在刻制前先跟刻刀结合（即抵刀），刻制过程始终保持跟刀片一起活动，手不离刀，做到刻版时刻刀稳定地移动及帮助握刀手收力，辅助平衡。

下刀角度　传统形容木刻“陡刀立线”的说法里的“陡”并非指垂直，而是指斜。下刀时，刀片与版非垂直关系，而是以斜下的方式刻制，手心面向上翻，这样一方面有利于保障线条的稳定性（尤其对于极细的线条，斜下刀使线条下方越刻越深），另一方面有利于跟刀和对刀的对刻交叉渗透关系。具体下刀角度无统一规定，可视画稿刻制位置线条的密集程度灵活决定，线条密集处下刀角度偏陡，线条松散处下刀角度偏斜。

发力方法　刻版发力时以手指和手腕发力为主，非以手臂拉动刻刀发力。发力时拇指抵住刀柄末端产生向前推力，另外四指配合手腕发力向后用刀。具体分解如下：

拇指顶住刀柄末端产生向前推力（图2-54）；另外四指配合手腕发力向后用刀（图2-55）；手肘部分抵住工作台面，起到支撑和稳定手臂的作用（图2-56）。

刀法　定刀、跟刀、对刀、探刀、勾刀。

①定刀。由于实木板硬度较高，刻制线条时，贴线条边缘轻刻一刀，以此为参考加刻复刀（在原来刀口的基础上加刻一刀），有利于对线条刻制准度及深度的双重把控。

图2-53　握刀姿势

图2-54　拇指推力

图2-55　四指回力

图2-56　手肘抵台面

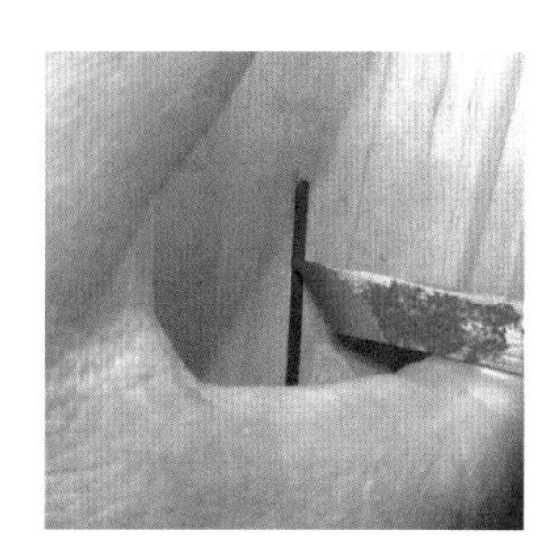

图2-57　跟刀

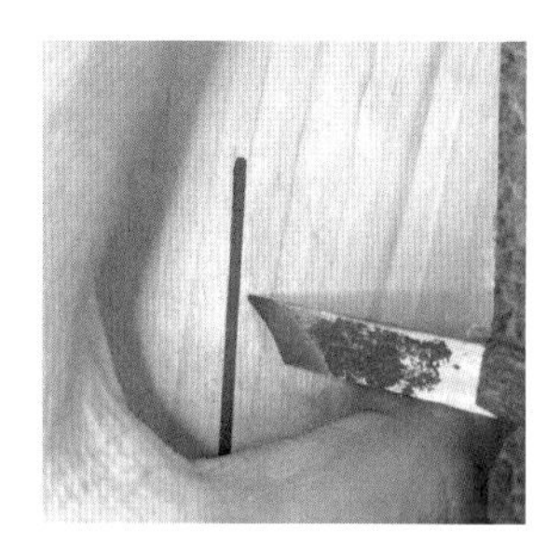

图2-58　对刀

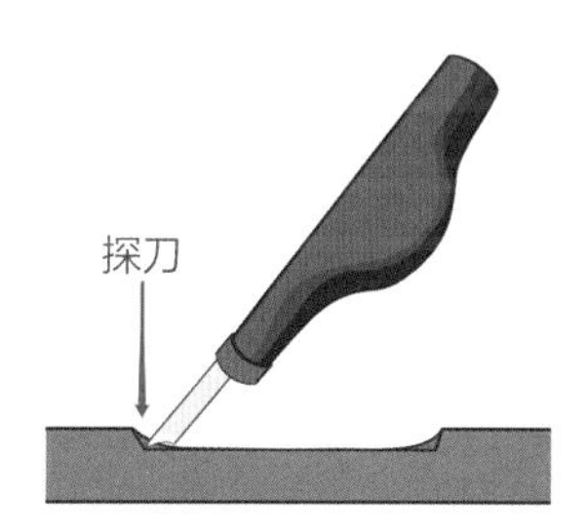

图2-59　探刀

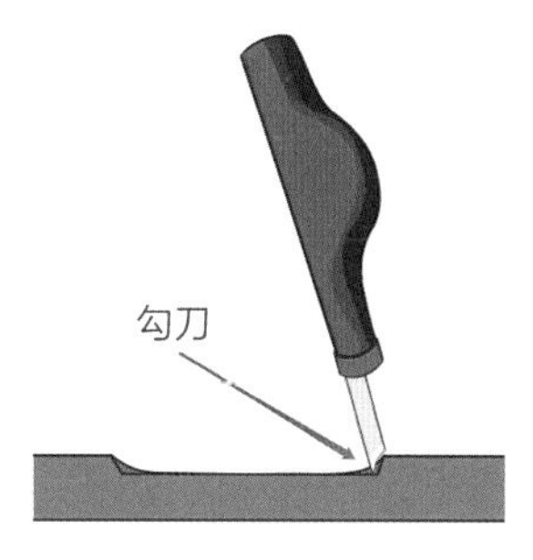

图2-60　勾刀

②跟刀。刀口朝线条左侧外部方向斜下，贴着线条左侧边缘自上向下行刀，利用刀刃前端行刀刻版。（图2-57）

③对刀。刀口朝线条方向，距离线条右侧适当距离（3mm左右）斜下行刀。

注意行刀过程中把握刀与线条之间的距离及行刀深度，避免伤及线根。（图2-58）

④探刀。在下刀时刀刃微微前翘，刀尖配合压力以试探或掏的动作先到达木线根处，向后刻制过程徐徐将行刀角度调至正常，整个过程配合手腕力量运刀，探刀主要解决下刀位底部盲区的问题。（图2-59）

⑤勾刀。与探刀刚好相反，在收刀时利用手腕把刀陡立起来向后勾，行至收刀位时已约为负角度，确保刀刃能够把交叉位置底部盲区木层刻断。（图2-60）

（2）线条刻制

直线　直线刻制过程要注意木纹对线条的影响（竖纹方向木纹由于生长纹理的弯曲可能对行刀轨迹有些许偏移，要控制好力度，平稳行刀，减少影响；横纹情况下纹理生长的弯曲对刻制影响小，但要注意平稳行刀避免遇到木头纤维断裂或是突然减小的阻力）。

曲线　曲线对比直线需要更加注意线条的流畅性，刻制时须提前观察线条情况，做好提前判断和转换角度的准备，行刀过程中遇到停顿重新接刀的部分，下一刀接刀口位置应在原停刀位置往前移，再顺势行刀。

交叉线　交叉线的难点在于两线交会处，由于刻线过程刻刀保持倾斜状态，遇到交叉位置时底部常有该部分木纤维刀尖处理不到位，解决办法是在行刀将

图2-61 刀刃尾部挑木屑

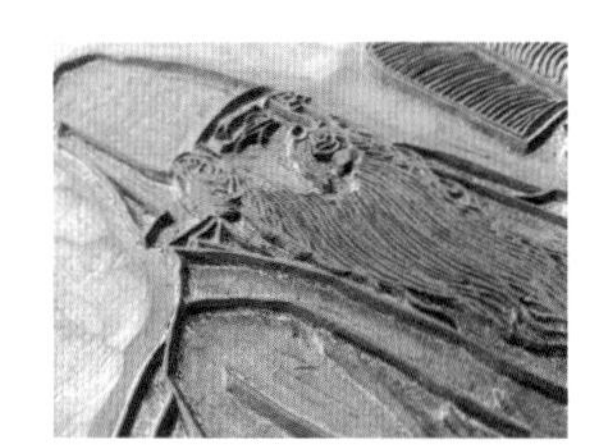
图2-62 线根清理情形

图2-63 凿刀握法一（反面）

图2-64 凿刀握法一（正面）

图2-65 凿刀握法二

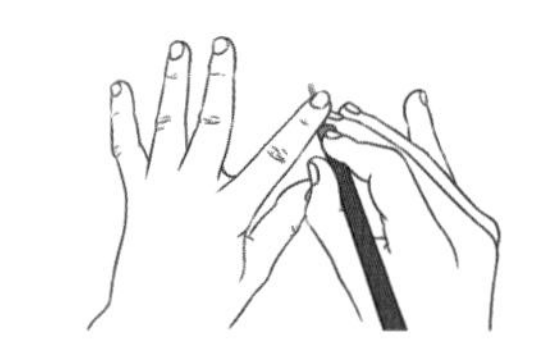
图2-66 剔凿手持方法

至该部分时减缓行刀速度同时使用探刀、勾刀技巧对线条进行刻制。

（3）净底

起木屑　利用刻刀清理线条两侧空白区域，使线条与空白区域区分开，这样可保障在净底时线条不易被伤到。刻制过程中，刻刀若不能直接将木屑刻断脱落，需加复刀或用刀刃尾部嵌入刻口位向外挑动，使木屑脱落。（图2-61）

净线根　将线条根部的细碎木屑及纤维清理干净，线跟处理得当能大大提升版面的整体观感及防止积墨，这可减少印制过程中因印版处理不净对印画产生的不良影响。（图2-62）

净大空　工具使用：凿刀握法一，此握刀方法四指在上，拇指在侧，利用拇指灵活控制行刀角度，此方式适用在较为精细部分行刀（图2-63、图2-64）。凿刀握法二，五指攥握刀柄，使其稳定，此方法适合在清理大空区域（图2-65）。

剔凿：握刀手拇指、中指左右夹握剔凿刀柄，食指向下按压，其余两指扶版，握刀手负责向前推进（图2-66）。辅助手食指与握刀手配合按压剔凿刀背，起到稳定作用，避免滑刀。其他手指及手掌扶稳版，注意扶版时辅助手手指避开剔凿正前方，避免滑刀受伤。

净底要求　线条坡面处理：由于复刀使用的不准确性，线条坡面易出现多刀口或不平整情况，多刀口在刷印过程中容易附着墨，若是线条坡面出现多刀口情况，应使用拳刀适当修饰，以免影响印制。

线根部处理：线条根部转折处须将刻制时残留的木纤维、木刺等处理干净，以免发生积墨影响印制。（图2-67）

大空区域处理：在面积较大的无线条区域，对画面边缘处的处理遵循“急下缓出”的原则，另外，大空区域在印制过程中纸张容易塌陷造成印制失误，故大空区域的刻制深度要略深，部分产地雕版师甚至把主体造型以外的空白区域锯掉，其目的就是为了避免返墨。（图2-68）

木纹习性　木纹的生长方向相比于刻线，对净底的影响会更大，顺向木纹（图2-69）净底行刀比较好把握，逆向木纹（图2-70）行刀时易使凿刀走得越来越深，起木屑时容易带起已刻好的线条，且刻制后的刀口效果常呈现不平整的“倒刺”，这种情况下建议刻制方向更换为顺纹方向。横纹刻制时受此影响较少，但阻力相对会变大。无论何种方向下刀，刻制使用圆刀下深度须保持圆刀两端刀口露出木面，否则会因刀口深陷木料内部产生不可控的刻制后果。

图2-67　线根部残留

图2-68　急下缓处

图2-69　顺纹

图2-70　逆纹

3. 洗版

将刻制完成的版置于水中或用浸透水的毛巾敷于版面数分钟，待版面残留稿样的胶及纸膜充分软化后用硬质毛刷（小棕刷或牙刷）刷拭，直至黑色墨稿下的木面完全露出，再将版置通风处晾干。洗版的作用是将版面突起部分的胶质材料脱分，避免印制时产生斥墨导致刷印色不实。

（三）刷印

1. 刷印工艺的形成

中国传统木版年画的印制技艺与雕版印刷术的发展息息相关，雕版印刷术的发展基础是造纸。中国传统木版年画的印刷工艺更应称为“刷印”（即先有刷的动作，后产生印的结果）。在雕版印刷出现前已经有多种启发性的复数工艺，如印章、碑拓、印花布等，这些复数性工艺直接或间接影响了雕版印刷工艺的形成。

印章（捺印）　印章对于雕版印刷工艺的启发无疑是最为直接的，区别只在于印章为版在上印面媒介在下（即捺印），雕版印刷则刚好相反，直至如今，捺印的印制技法在有些地区的木版年画技艺中仍然保留，甚至成为一种极具工艺特色的年画品种，如广东江门新会司前年画工艺中大量使用捺印花戳。

碑拓（拓印）　从技术上看，拓印的方法是先将薄而韧的纸张润湿，用羊毛排刷小心覆盖于碑面，再以棕槌轻轻敲打，使纸张透入碑面文字凹下处。待纸干后，将拓包蘸上墨汁，再均匀拍在纸上，揭下后即成黑底白字拓片。拓印工艺与雕版印刷的共同之处在于都是将大幅硬质平面材料上刻的稿样通过墨与压力转移到纸上，区别在于转印工艺实现过程中“拓”与“刷”的差别。

印花布　另一影响雕版印刷出现的复数性工艺即印染技术。中国的印染所用印花板有凸纹板及镂空板两种类型，前者俗称“木板印花”，后者古称“夹缬”。这种板型印花织物自秦汉以来得到迅速发展，技术可能早于秦汉而溯至战国。

以上所述三种印刷技术，在造纸技术成熟普及后无疑都对雕版印刷术产生了直接的影响。

2. 年画印制工序

中国古代版画刷印从色彩上可分为单色刷印和彩色套印两种，单色刷印比彩色套印历史悠久，多用于书籍中的版画插图，而彩色套印基本上以画谱及民间木版年画为主。彩色雕版印刷术是印刷艺人在相当长的一段历史时期里慢慢摸索总结出来的，大致经历了“刷涂套色”“刷捺套印”“刷版套印”“分版套印”“饾版、拱花”几个重要阶段。这个发展阶段比较清晰地展现了中国传统雕版印刷技术由简单到复杂、从独版印刷到多版套色印刷的历程。

套色工艺是传统木版年画色彩表现效果的一道保障，涉及严苛的校色（也叫对版）技艺，是现代印刷术的起源。套色工艺与木刻工艺相对独立，是为传统木版年画技艺的两大核心。

刷印工具与材料有：印画台、版、纸、墨、棕刷、棕推、清水、调色盘、垫片。

木版年画的套色工艺发展至今，各产地的套色流程基本趋同，即将纸和版固定在印画台上，调整版与纸张的位置关系，蘸墨于版，纸翻于上，用棕推在纸上均力推拭，令颜色充分印在纸上后取下。刷印具体工序如下：

（1）夹纸

将事先裁切好的纸张用木夹固定在与印版相对位置的印画台一端（夹纸的数量一般以整数为标准，如100/200张），纸下方垫一与版等高的物体（为调整偏下部分的纸与版的水平关系，偏下部分的纸张在印制过程中不容易印到版的边缘）（图2-71）。批量印制能够提高效率，这在年画生产中至关重要。

图2-71　夹纸

（2）润版

在刷印新版时，由于版面干燥吸水性强，刷版后墨里的水分容易被快速吸收导致印制效果不佳，揭画时易撕破纸张。（图2-72、图2-73）故在印之前需要进行“润版”处理，以增加版的湿度和稳定性。现常使用的方法是利用喷壶在距

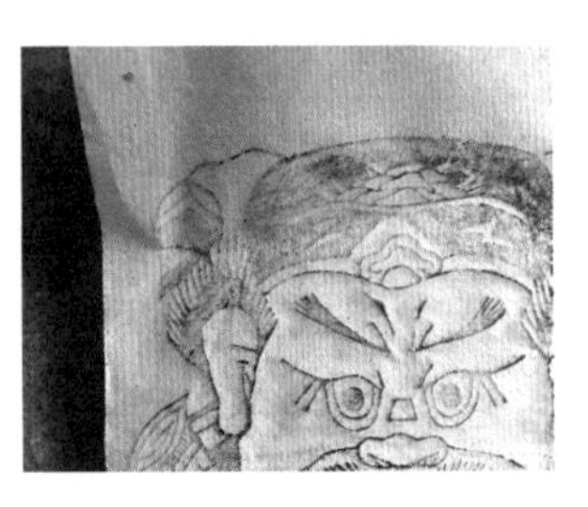

图2-72　纸张粘版

图2-73　纸张粘版

图2-74　闷版

图2-75　粗宽

图2-76　细密

离版面一定的高度喷出水雾，距离不要太近，使版面受湿可控、均匀即可。杨柳青还有一种传统的润版方法——闷版，使用湿毛巾盖于版上（图2-74），“闷”的时间使其湿润均匀即可。

（3）调色上版

使用棕刷在调色盘中进行调色，墨色的量根据版的尺幅而变化，墨多易洇纸，墨少纸张易粘版。此外环境的干湿程度及温度和风力等条件对刷印的影响都至关重要，对于上版墨色的控制，全由刷印工人经验而定。

方法是棕刷蘸墨于版面按顺时 / 逆时方向转动刷墨（转圈接触版面可有效避免棕刷印痕），着墨前观察版面线条分布的情况，区分线条“粗宽细密”分布（图2-75、图2-76），先对整体（粗宽部分线条）版面着墨，再到局部（细密线条）区域（因线条分布细密区域，易积墨，着墨时以相对“干、薄”情形即可）。

注意刷墨时只对刻线部分进行着色。对于版面着墨经验不足者，可根据版面“反光”情况判断刷墨效果。印制一定数量后，版面湿度变得较为稳定，棕刷在版面刷墨时会产生顺滑的感觉，反之则涩。

（4）印制线版

使用印画台（印床）印制时，使用左手刷墨上版，接着以右手捻纸递给左手，左手夹纸（校纸采用“四指夹纸”方式（食指与中指上下夹纸，拇指与无名指上下夹纸）（图2-77），四指于纸张固定对侧边中心上下相夹，以纸张固定一侧平整不歪斜为参考，拉直（图2-78），右手拿棕推在纸背

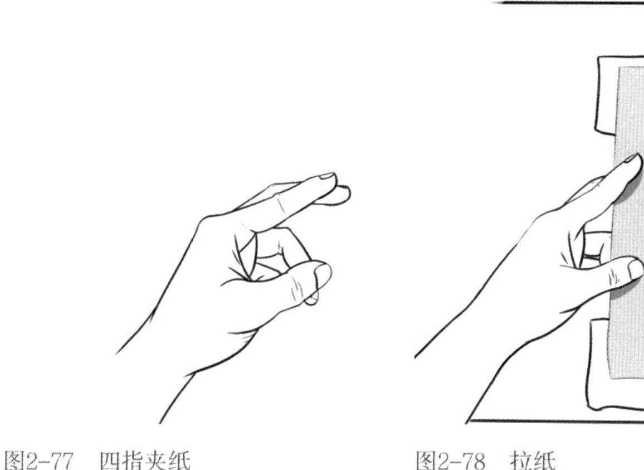

图2-77　四指夹纸　　图2-78　拉纸

转圈平扫进行印制。

年画印制所使用的棕推印制时平放于纸背，力度均匀地在纸背平扫（棕推在使用中若倾斜，力则相对集中于一点，对纸张压力太大易“塌纸”，形成返墨而破坏整体的画面）。力度轻纸张挂墨情况不佳，力度过重则可能将纸张扫出破洞，对于棕刷印制力度的控制需要在长期的实践中总结经验，不同的纸张，刷印时还须做出及时调整。

（5）套色摸版

摸版是年画套印工序里的“校对”工艺，年画的套色是一版对应一色，在更换色版时需要进行版的位置校对——即“摸版”（图2-79）。将色版底部四角用垫片（或沙包、软胶等物）放于原线版的位置，再次将印制好的线版覆于版上，通过观察纸背线版透墨情况，再结合手指压摸画面线条边缘的方式多点校对（头顶天、脚丫实、房角线、墙角边），直至调整至较小偏差。试印，观察印制错位情况，使用木棰轻击调整（图2-80），这个过程由于印版与刻版呈左右镜像关系，故对错位问题的调整以“上下异向、左右同向”为原则进行微调（即印色偏上即向下敲击刻版，印色偏左即向左敲击刻版），以此确定印制的精确位置。

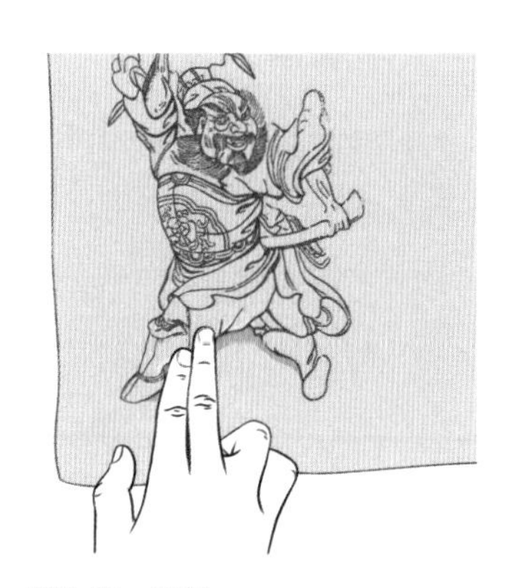

图2-79　摸版

图2-80　敲版

（6）晾画

套色工序印完一道步骤便将画悬空置于印床镂空处（或将纸整体取下晾于晾画架上，此时须提前将纸张进行整体固定），放置时轻抖画纸捋顺。若是纸张较湿的情况，每一批次（约10～20张）便用长条状物体与之隔开，利于透气。待纸面墨色接近七八成干后再印制下一色。

（四）绘色

年画手绘

手绘年画在各地民间的年画制作方式中最为悠久，在雕版印刷术尚未大范围应用到年画行业中时，传统木版年画的制作完全依靠手绘。传统木版年画的“绘”工艺指的并非是创作稿样，而是以颜料对刷印线稿进行敷色彩绘。即便在木版年画行业已成熟运用木刻水印技法后，手绘年画仍然占有较大的市场份额，甚至手绘年画仍然是部分年画产地的主要制作工序。手绘年画大致可分为“手绘”与“半印半绘”年画，“手绘”年画自创作稿样、绘制成画等所有步骤皆以手绘完成。“半印半绘”年画以雕版印制线稿（或套印基本色）后，以手绘工艺绘制成画。

年画手绘工艺与年画印制工艺两者都为木版年画制作工艺中的一大工序，两者较大的区别在于工艺效率，部分手绘年画发展逐渐吸收中国画“晕染”技艺（年画晕染使用同一支笔，一侧蘸水，一侧蘸墨），画面精致细腻（如天津杨柳青年画），行业称之为“细活”，与之相对应的便是“粗活”，指的是笔触技法相对原始、粗放的手绘年画。“细活”与“粗活”形成的主要因素是年画购买者的需求不同，如天津，作为清朝首都的卫城，其精致细腻的杨柳青画风以供应京城的官绅阶层，“粗活”则面对购买能力较弱的民间百姓，画面不及“细活”精致，却独有韵味。

配色制色是各地年画制作技艺中的重要环节，由年画师傅经验累积提炼成口诀传授给徒弟。如杨柳青色诀“软靠硬，色不愣；黑靠紫，臭狗屎；红靠黄，亮晃晃；粉青绿，人品细；要想俏，带点孝；要想精，带点青”。杨家埠色诀“紫是骨头绿是筋，配上红黄画才新；红主新，黄主淡，绿色大了不好看。紫多恶，黄多傻，用色干净画鲜艳；红间黄，喜煞娘；黄冲紫，臭其屎”。绵竹色诀“一黑二白三金黄，五颜六色穿衣裳，深配浅，酽配淡，深浅酽淡要顾全”。朱仙镇色诀“紫占一，绿占二，黄三红四不能颠；水要鲜，色要艳，颜色不得出黑线”。

年画手绘工艺极为丰富，部分产地手绘步骤甚至多达几十种，笔者在比对归纳大致将手绘工艺分为三个类别，即“绘色、开脸、写花”。

绘色　在刷印线稿的基础上，对年画进行手绘填色，对于画面绘色的技艺，产地会使用不同的方法：如天津杨柳青的方法更贴近中国画晕染技巧，是年画行业里较具代表性的“细活”；又如绵竹年画的“填水脚”、广东的“司前年画”都以生产的快速性体现了活泼粗犷的画面，呈现出“粗活”的典型特征。

开脸　指的是年画人物脸部神情，描眉画须及手部颜色，使用画笔绘出，称为“开脸”或“开相”。部分年画人物神情依靠“开脸”烘托，制作开脸工序比较复杂，十几道工序，由经验丰富的老师傅制作完成。

写花　常在佛山年画中提及，但本文所指并不只单一产地，而是形容在绘色与开相的基础上进行装饰纹样的勾绘，常见形式有绵竹年画的“勾线”，佛山年画的“描金”等，其目的都是为增加画面的装饰性。在民间还有以刻制好的图形小版，“捺印”至画上的工艺，高密称为“磕花”，司前称为“花戳”，目的都是为了增添画面的装饰性。

第三章

木版年画在现代艺术设计中的应用

中国传统

中华民族传统文化艺术遗存灿若星辰，成为现代艺术设计取之不竭的精神宝藏，对传统文化艺术的吸收和借鉴使艺术设计领域频繁出现如“中国元素”“新中式”“国潮”等主题设计风潮行为，这也成为时下中国社会一股极为强盛的文化传承力量。无论是如中国画、书法、陶瓷类的传统优势项目还是如木版年画、剪纸、皮影戏、民族服饰等民间艺术“新锐”项目都频频进入现代艺术设计的关注视野。这些能够突出代表中国民族精神的 “中国元素”在现代艺术设计中具有越来越重要的人文价值，“中国元素”与现代艺术设计的有机融合，不仅推动着现代艺术设计的进步，同时也是对传统文化艺术的一种发展性保护与传承。

木版年画作为中国传统民间艺术之一大类，同时又作为中国传统“年”文化的代表性传统艺术，对现代艺术设计的价值毋庸置疑，是现代艺术设计吸取“中国元素”的很好载体。

一、传统文化在现代艺术设计中的应用

中国是一个历史文化悠久的多民族国家，传统文化艺术异彩纷呈，成为现代艺术设计丰富的创作资源。在社会文化日益多元化的今天，这些具有民族性、地域性、社会性和历史性的传统文化无时无刻不在影响着现代设计活动。设计师应该继承并发展这些传统文化的精髓，通过梳理和提炼传统文化艺术中那些“构成美的因素”及其在当下的社会价值以显示其独有的创新魅力和旺盛的生命力。因此，现代设计需要从传统文化艺术中寻求有益的营养元素，提高中国艺术设计品格，丰富现代艺术设计的创作语言。如笔者为传统雕版印刷设计的《雕刻时光传统雕版印刷 & 新文创设计》（图3-1、图3-2），以传统木刻年画中的滚动技艺为设计对象将雕刻、印刷、彩绘三种传统年画工艺有机融合化繁就简，通过新材料、新技术、新方法实现让用户零基础接触传统滚印工艺，并短时间学会传统雕刻及滚印制作原理，轻轻松松做手工达人。

数千年以来，大量的哲学家、美学家、艺术家不断在传统艺术文化的领域中进行探索，从而形成了独树一帜、博大精深的中国美学体系。这个体系所蕴藏的传统艺术文化的精髓一直在影响、制约和调节着我们的审美观，而这种审美观是由这个民族的生活方式、习俗、制度、伦理道德、审美习惯等一系列因素决定的。所以，要成功地运用民族民间中美的因素，首先需要设计者深深地爱着这个

图3-1 《雕刻时光传统雕版印刷＆新文创设计》（郭亚东）

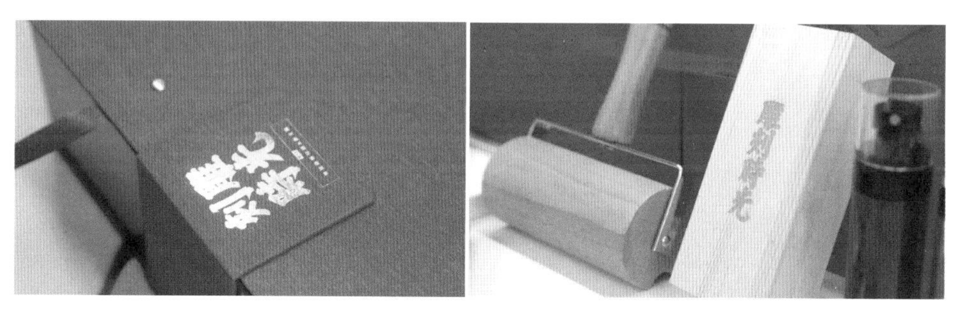

图3-2 《雕刻时光传统雕版印刷＆新文创设计》（郭亚东）

民族，理解这个民族，熟悉这个民族。这样才能够带给我们丰富的美学思想、多元化的传统文化和对工艺、设计、美的规律的进一步认识，并能够使我们从中提取有用的资料和产生新的启发。

现代艺术设计是社会文化、传统观念等诸多因素的文化集合体，与传统文化有着千丝万缕的联系，是传承并表现传统文化的载体。传统文化影响现代设计，现代设计推动文化事业的发展，并捍守文化发展的方向。传统文化在现代艺术设计中的应用广泛，例如服饰、抱枕、家具等都可以加入传统文化的元素，使其更加具有艺术设计的文化内涵和特色（图3-3、图3-4）。

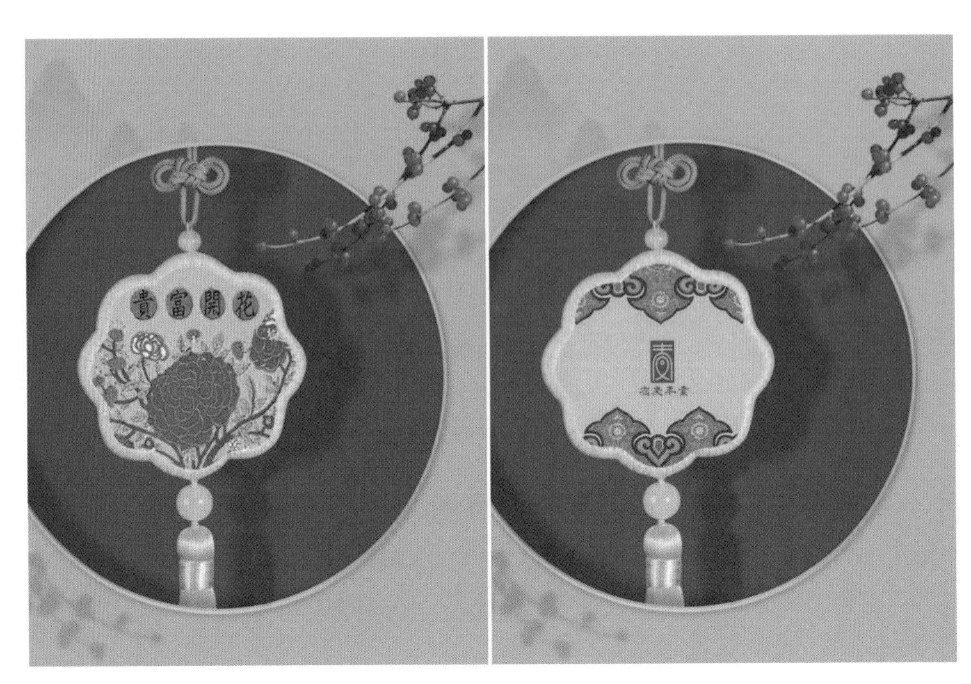

图3-3　平安福（乔麦）

图3-4　年画风口金包（乔麦）

随着现代社会的快速发展，人们对产品品位和产品内涵的重视程度也在逐渐提高。因此，在进行现代艺术设计时，应该充分尊重现代文明多样化、个性化的特点，创造出富有特色的艺术作品。将传统文化要素合理整合应用到现代艺术设计上，形成具有民族或地域文化特色的设计风格，继而在风格多样化的探索过程中进一步产生设计理论的思潮，这是当今多元与开放的中国设计界所乐见的一种趋势。

二、木版年画在现代设计中的应用案例

1. 木版年画图形元素在现代设计中的应用

中国传统文化、传统图案、传统符号作为一种元素融入现代艺术设计中，在充满现代气息的外部造型和材料加工工艺基础上，利用传统视觉元素突出地域文化、民族特色的人文特征，进而表达出设计者对设计风格及思想的追求。从具有传统中国风格的一些现代设计作品看，设计创意发挥主要是以中国传统元素为媒介，而不是单一地用这些民族符号、图案做视觉元素，强调的不是表面形态的“中国传统”，而是一种需要引人思考的内质化的“中国传统”。通俗地说，这种创意在作品中的体现不仅仅是追求表面形式上的“中国式复古”，而是一种设计创意对中国传统文化艺术在内涵上的精神式追求。设计的文化概念不只等同于民族化和地域化，也不是传统符号的简单套用和照搬，而是将文化的“精髓”提取，在产品中表现其精神。做传统文化艺术的创意设计，主张的是将传统文化的精神与精髓融入到现代设计的理念中，强调的是对传统文化艺术深刻理解上的融合，而不是简单的相加。用中国化的处理与改造方式，诉说东方文化情感的材料语言，成为让观众和用户直接感受东方艺术魅力的最基本手段。（图3-5、图3-6）

木版年画在现代艺术设计中对“形”的运用，包括对形态的运用和对构图的运用等方面。这些或具象或抽象化的传统形态元素与现代设计相结合，很好地利用了现代设计的媒介属性将其所具有的意义传达出来；年画的构图中大都具有堆砌、均衡、饱满的特点，并且很多图案中单单构图就具有独特的含义（如民间年画中的字画结合、图形共生等），恰当地将年画中的构图样式运用到现代设计中能让人对画面产生熟悉又陌生的感觉，使得画面意趣兼备。（图3-7、图3-8）

图3-5　年画风红包（乔麦）

图3-6　桃花坞年画趣味涂色笔记本（乔麦）

图3-7
桃花坞年画《儒虎添翼心愿灯》（乔麦）

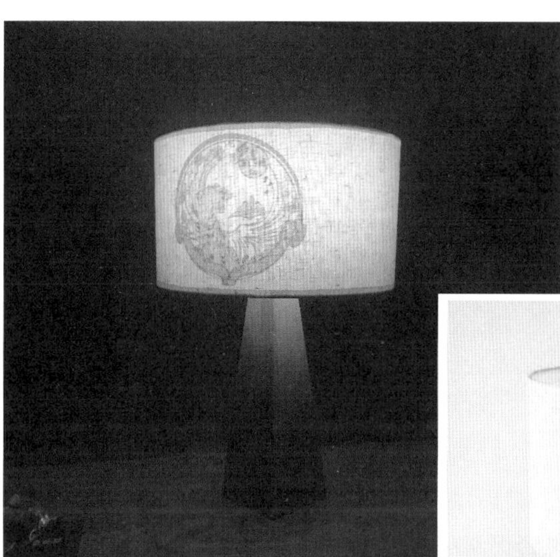

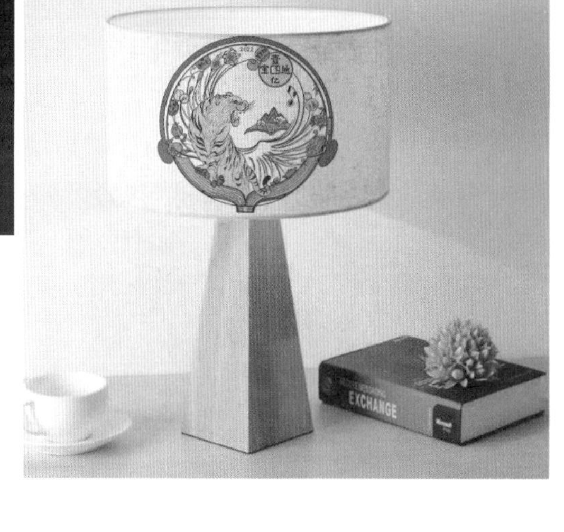

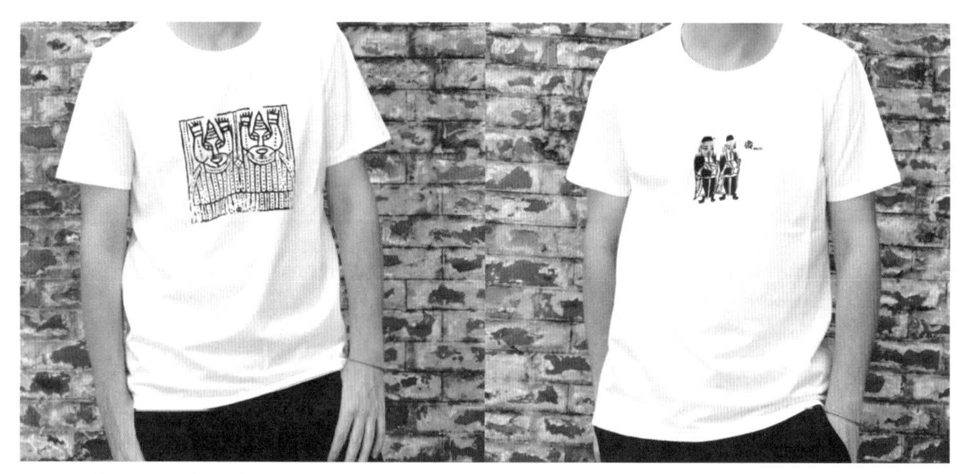

图3-8　年画T恤（郭亚东）

2. 木版年画的色彩系统在现代设计中的应用

将传统年画中最本质和最朴实的民间色彩语言与现代艺术设计各种构成方法相结合，对于现代艺术设计也是一种丰富和发展。木版年画用色鲜艳、浓烈、强对比，在现代艺术设计中有针对性地对其进行解构并加以运用能够让作品在具备“民间审美”特色的同时呈现出良好的视觉冲击力，这种基于色彩的特殊审美也形成了当下社会一个独特的审美细节。（图3-9至图3-18）

图3-9 《岁》年礼设计（尹琪）

图3-10 《岁》年礼设计（尹琪）

图3-11 《岁》年礼设计（尹琪）

图3-12 《岁》年礼设计（尹琪）

图3-13　年画皮具设计（郭亚东）

图3-14　年画皮具设计（郭亚东）

图3-15　茶包装设计（郭亚东）

图3-16　茶包装设计（郭亚东）

图3-17 《福至》年礼设计（郭亚东）

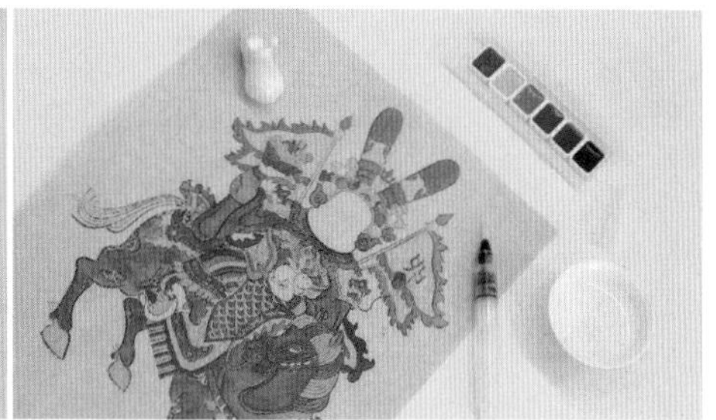

图3-18 《禄马福兔》手绘礼设计（郭亚东）

3．木版年画主题概念提炼应用

中国传统木版年画题材多样、内容丰富，常主张通过年画中图形的“形”体现画中的“意”，所谓“图必有意、意必吉祥”，这些“形”和“意”的关系通过年画在民间久远且广泛的传播慢慢固化为一定的规俗，如：三个圆形水果象征“三元”，鲤鱼和莲花在一起象征“连年有余”，马背上有只猴子寓意“马上封侯”，三叉戟、鱼和磬在一起寓意“吉庆有余”，等等，这本身就是中国传统经典文化的体现。现代艺术设计可以汲取传统年画主题的含义，构思出具有传统形意关系的现代设计作品。如笔者设计的《吉·礼》（图3-19至图3-21）以河南朱仙镇经典木版年画“大吉”中大公鸡（象征“大吉”之形象），突出中国人年节时追求吉利的传统文化意涵；特邀朱仙镇百年老店传人独家定制复刻“大吉”老版；独家刻制“四君子”信笺线版，形成一套包含线装本、信笺、毛笔、门贴、年画为主的传统文化高端礼品。

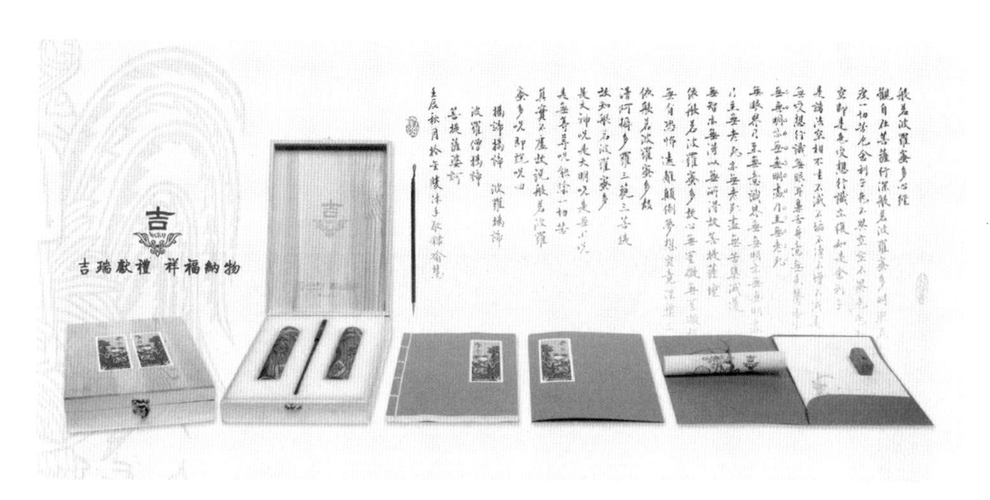

图3-19 《吉·礼》（郭亚东）

图3-20 《吉·礼》（郭亚东）

图3-21 《吉·礼》（郭亚东）

4. 传统木版年画的工具包设计实践

传统木版年画工具包是课程标准化设计的第一要务，由于传统的木版年画工具多为民间艺人自制，加上各地木版年画制作工艺存在较大差异，这为课程的开展带来诸多不便，为保障课程实施效果，作者历经数年时间逐步打磨工具包产品，到目前为止，已设计开发涵盖从初阶到高阶系列木版年画工具包标准化产品，适用于不同学龄段学员。

（1）初阶木版年画教学工具包

初阶木版年画教学工具包主要用于初阶、中阶木版年画课程授课，整套工具包涵盖了“勾、刻、印、绘”四大工艺，教学工具包适度降低了工艺难度，使用较易刻制的软性夹板材料替代实木，但保留拳刀刻制的传统核心工艺技法及工具的传统性。传统木刻在初学期，制作工艺难度大，考虑初学者对刻刀的控制力有所不及，在材料上做了一定的调整，板材改为软板。整套工具包实现了木版年画从勾到绘的完整制作过程，为初阶课程教学提供了借鉴。（图3-22至图3-24）

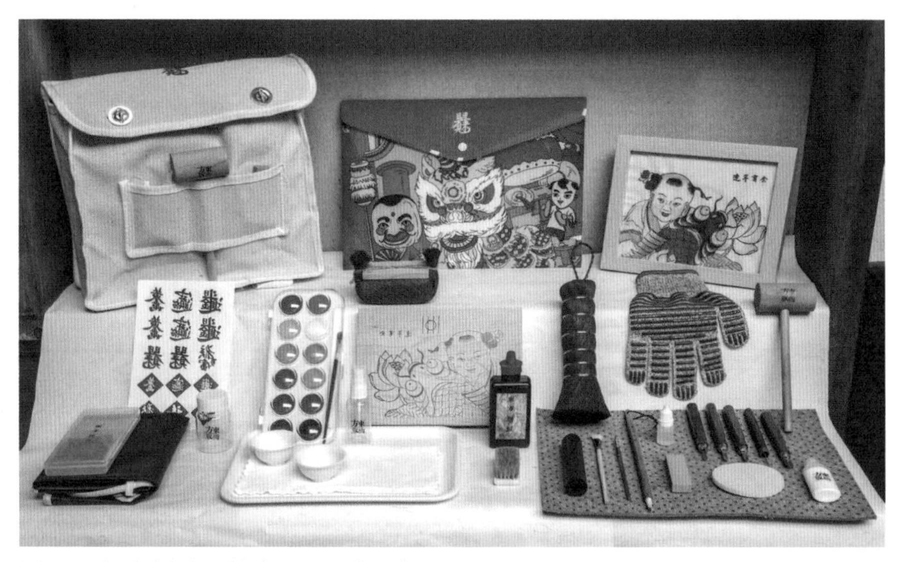

图3-22　初阶木版年画教学工具包（郭亚东）

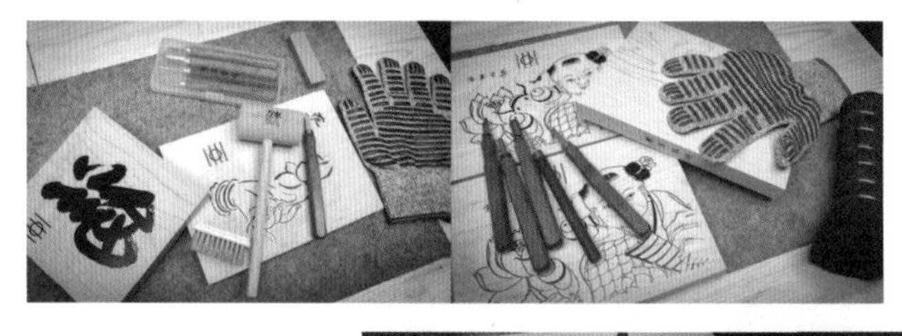

图3-23
初阶木版年画教学工具包
（郭亚东）

图3-24
初阶木版年画教学工具包
（郭亚东）

（2）高阶木版年画教学工具包

高阶木版年画教学工具包以中国传统雕版印刷技艺为基础，在传统木刻工艺的基础上进行优化设计，将传统木刻工具与材料整合为一款兼具实用性、美观性和便携性的专业木刻工具包。（图3-25、图3-26）

主要包括技术参数：

①拳刀（刀柄材料：微凹黄檀；刀片：200mm×7mm×1mm白钢，斜刃）

②凿刀（刀柄材料：荷木；整刀长：200mm；刀口形状：圆刀15mm×8mm×3mm，平刀10mm×5mm）

③剔凿（刀柄材料：红檀木；整刀长：200mm；刀口形状：平刀2mm×1mm）

④刻板（材料：梨木；拼板；长方形状；230mm×150mm）

⑤木槌（材料：荷木；上方下圆形状；200mm×40mm）

⑥磨刀石（材料：砂岩和油石；长方形状；目数：360目；200mm×60mm×10mm）

⑦工具袋（材料：帆布；夹层缝布工艺；粘黏盖收纳；7个凿卡位、1拳刀卡位、1木板卡位、5个辅助工具卡位、1磨刀石卡位、1木锤卡位；600mm×260mm）

⑧其他辅助工具（铅笔、砂片、喷壶、显稿油、乳胶）

图3-25
高阶木版年画教学工具包
（郭亚东）

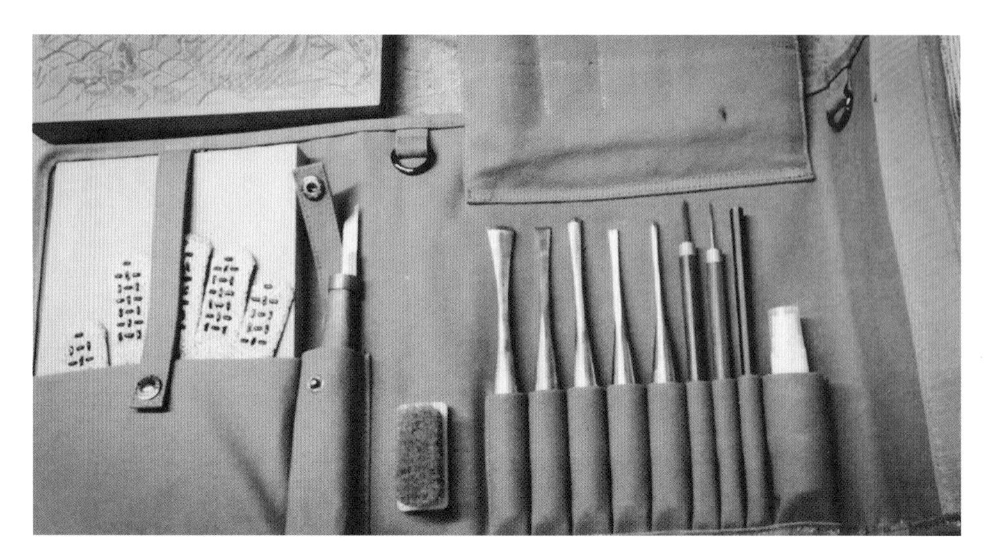

图3-26　高阶木版年画教学工具包（郭亚东）

传统木版年画集中体现着中国劳动人民对真善美的真情颂扬和对幸福生活的追求，它的历史、内涵、题材、形式、艺术特征等都可以为现代艺术设计输送宝贵营养，而且其灵动、自然的“生活化”艺术特征能够为现代艺术设计作品融入民族的灵韵和才气，丰富和拓展了现当代艺术设计的形式边界，对现代艺术设计有着积极的借鉴意义。因此，在进行现代艺术设计的过程中，将中国传统艺术元素与现代设计思想有效融合，在此基础上进行传统的“再创造”“再活化”，让具有中国特色的艺术设计在世界的舞台上绽放其应有的光彩。

参考书目

[1] 冯骥才. 中国木版年画集成(22卷). 中华书局, 2005—2011.

[2] 薄松年. 中国年画艺术史. 湖南美术出版社, 2008.

[3] 王树村. 中国年画史. 北京工艺美术出版社, 2002.

[4] 冯骥才. 年画行动——2001~2011木版年画抢救实录. 中华书局, 2011.

[5] 冯骥才. 年画手记. 宁夏人民出版社, 2008.

[6] 阿英. 中国年画发展史略. 朝花美术出版社, 1954.

[7] 天津大学冯骥才文学艺术研究院、中国木版年画研究中心编, 王坤主编. 年画制作技艺教程. 文化艺术出版社, 2019.

[8] 沈泓. 寻找逝去的年画: 潍头年画之旅. 吉林人民出版社, 2007.

[9] 沈泓. 寻找逝去的年画: 平度年画之旅. 广西人民出版社, 2010.

[10] 殷伟, 殷斐然. 赏年画·节令年画. 清华大学出版社, 2016.

[11] 殷伟, 殷斐然. 赏年画·人物年画. 清华大学出版社, 2016.

[12] 大乔. 图说中国节. 中国科学社会出版社, 2009.

[13] 郑振铎. 中国古代木刻画史略. 上海书店出版社, 2011.

[14] 钟敬文. 民俗学概论. 上海文艺出版社, 1998.

[15] 张殿英、张运祥. 潍坊木版年画传承与创新. 生活·读书·新知三联书店, 2013.

[16] 潘嘉来, 吴自立. 中国传统木版年画. 人民美术出版社, 2008.

[17] 佘志超. 中国节日手册. 华文出版社, 2008.

[18] 张卉. 中国民间美术教程. 重庆大学出版社, 2011.

[19] 沈泓. 节庆狂欢: 民间美术中的节俗文化. 中国工人出版社, 2009.

[20] 左民安. 细说汉字: 1000个汉字的起源与演变. 九州出版社, 2005.

[21] [清]顾禄著. 王密林, 韩育生译. 清嘉录. 江苏凤凰文艺出版社, 2019.

[22] 高丙中. 端午节的源流与意义. 民间文化论坛, 2004.

[23] 萧晓阳. 端午考原. 苏州大学学报, 2005.
[24] 吴榕青, 吴泽煌. 2018年广东省潮州市湘桥区冬至习俗调查报告. 汕头大学学报(人文社会科学版), 2021, 37(01): 43-50+95.
[25] 石林生, 王焰安. 江淮传统除夕习俗综述. 铜陵学院学报, 2006(3):119-120.
[26] 巫其祥. 论中国传统年节的保护与申遗. 三秦文化研究会《今古中国年》研讨会论文集. (出版者不详), 2007:66-69.
[27] 张春山. 中国年节与中国传统文化. 运城高专学报, 1997(03):12-15.
[28] 唐家路, 杨传杰. 山东潍坊杨家埠木版年画的"锯板"工艺. 年画研究, 2016.
[29] 陈立娟, 黄尚明. 宋代冬至节研究. 华中师范大学, 2020.
[30] 张晓雪. 科举时代的造神: 魁星崇拜研究. 黑龙江大学, 2012.